贝页
ENRICH YOUR LIFE

说的全是梗

洛　宾/著

文匯出版社

图书在版编目（CIP）数据

说的全是梗 / 洛宾著. —上海：文汇出版社，2022.11

ISBN 978-7-5496-3912-0

Ⅰ. ①说…　Ⅱ. ①洛…　Ⅲ. ①幽默（美学）-口才学-通俗读物　Ⅳ. ①H019-49

中国版本图书馆 CIP 数据核字（2022）第 207929 号

说的全是梗

作　　者 / 洛　宾
责任编辑 / 戴　铮
封面设计 / 王重屹
版式设计 / 汤惟惟
出版发行 / 文匯出版社
上海市威海路 755 号
（邮政编码：200041）
印刷装订 / 上海颛辉印刷厂有限公司
版　　次 / 2022 年 11 月第 1 版
印　　次 / 2022 年 11 月第 1 次印刷
开　　本 / 787 毫米×1092 毫米　1/32
字　　数 / 134 千字
印　　张 / 9.75
书　　号 / ISBN 978-7-5496-3912-0
定　　价 / 59.00 元

写在前面 Introduction

我从事脱口秀行业已经超过10年了。现在我还清晰地记得，第一次登上开放麦舞台是在2011年12月29日。从那天起，我开始在此行业持续耕耘：我深入研究了国外几乎所有著名的脱口秀书籍，和伙伴们翻译了《手把手教你玩脱口秀》；专业上涉猎单口喜剧、即兴、默剧、喜剧魔术、相声、素描喜剧（sketch）和漫才等领域——除了默剧和喜剧魔术，我都有亲身创作和表演的经历。现在我有两个单口喜剧专场，在素描喜剧创作上也取得过不错的成绩，甚至创作过一部完整的情景喜剧剧本，线下脱口秀培训也教出了一批短时间内就踏上商业演出舞台的新人……

当我成为一名脱口秀“老炮儿”后，我经常接到一些喜剧爱好者和新入行的脱口秀演员关于如何学习脱口秀的询问。我陆陆续续写了很多心得体会，发布在微博、知乎以及豆瓣上，数量多到让我有一天忽然想到：是不是可以把它们编成一本书了？

所以，你现在就看到了这本书。

本书在我的腾讯视频课程《面对面教你讲脱口秀》基础上编写而成，共21章（比视频课程多6章），分为四个部分，适合所有对单口喜剧行业感兴趣的读者，每一部分所面向的读者大致如下：

第一部分：适合知道脱口秀是什么，但完全没登过台的人。这一部分能让他们做好充分准备。

第二部分：适合已经讲了一段时间脱口秀，希望写出更高质量段子的脱口秀演员。

第三部分：适合已经有丰富的商演经验，准备或刚刚成为全职脱口秀演员的人。这一部分可以让他们的职业生涯豁然开朗。

第四部分：适合以脱口秀为终身事业，并进行商业化运营的人。

可以看出，这本书对读者有一个最低要求：在开始阅读之前，至少要知道什么是脱口秀。不过不用担心，读完下面的介绍，你就知道得差不多了。

对于普通读者来说，常常容易混淆脱口秀、相声和演讲这三者，其实它们的区别非常大。

脱口秀与相声的共同之处是二者都是喜剧，都必须有稿子，而且是逐字稿。虽然它们在表演过程中都有脱稿即兴发挥的部分（相声叫“现挂”，脱口秀也沿用此说法），但主要表演必须按稿子进行。

脱口秀与相声最大的不同有两点：

1. 除了单口相声，相声的表演者有两人或两人以上。而脱口秀除了极个别特例（比如双胞胎脱口秀），都是一个人表演。

2. 相声演员在舞台上一般不展现自己的真实身份与真实人格，比如大家最熟悉的郭德纲和于谦，所有人都清楚他俩讲的内容绝大部分都不是他们的真实经历。而脱口秀演员一般都是以自己的真实身份讲述与自己有关的故事，就算故事是虚构的，演员也要让观众相信其与表演者有关。比如周奇墨，他讲自己在出租屋、药店、地铁里的段子时，观众一般会相信他在现实生活中经历过类似的事情。再举个例子，著名相声艺术家马三立先生的单口相声《逗你玩》，虽然脍炙人口，但观众无法从中看出马老先生的身份。如果让脱口秀演员来讲同样的故事，他们一定会在里面加入某些与自己有关的元素：要么让自己在故事中扮演某个角色，要么用这个故事来印证自己的某个观点。

其他细微的区别就更多了，比如笑点密度、故事的完整性、内容结构等等，但这些都不如上述两点足以将脱口秀与相声明显区分开。

脱口秀与演讲往往也很容易让人混淆，因为它们都是一个人在台上进行语言表演。另外，由于脱口秀比较流行，现在很多演讲都冠以“脱口秀”的名号。二者最大的区别在于是否承认自己是喜剧：脱口秀一定是喜剧；但演讲绝不会承认自己是喜剧，即便有所谓“幽默演讲”，它们也不会认为自己是喜剧。由于幽默演讲并不像脱口秀那样追求高密度的笑点，一旦它们承认自己是喜剧，那其实就变成了脱口秀，而且可能是“不太好笑的脱口秀”。

将脱口秀与相声和演讲区分清楚后，我们就可以详细讲讲脱口秀的特点了。我在本书里讲的脱口秀，都是指英文中的 stand-up comedy，而不是很多人理所当然认为的 talk show。“脱口秀”确实是英文 talk show 的音译，它最初是台湾地区电视台的译法，指一种语言类电视节目，如《康熙来了》《鲁豫有约》《天天向上》等。当 stand-up comedy 在几十年前被引入华语地区时，并没有人创造出统一的译法，香港地区将它翻译成“栋笃笑”，台湾地区则直接用“脱口秀”；当十几年前大陆（内地）也开始有人讲 stand-up comedy 时，大家沿用了“脱口秀”这一说法。

这十几年来，为了与《康熙来了》这类电视脱口秀节目更好地区分，不断有人想用最接近 stand-up comedy 意思的“单口喜剧”来代替“脱口秀”一词，但一直没能推广开来。再者，随着《脱口秀大会》节目的火爆，反而越来越多人接受了把“脱口秀”作为 stand-up comedy 的正式翻译。

脱口秀来自国外，其公认的起源是 19 世纪末 20 世纪初的英国，兴盛则是在 20 世纪 50 年代的美国。随着广播与电视的普及，它逐渐成为欧美国家的主流喜剧形式，从 1970 年代至今，全世界最发达的脱口秀市场都在美国。

20 世纪 70 年代，香港地区开始有人用粤语讲脱口秀（即“栋笃笑”），第一个举办个人专场的华人是黄子华，他于 1990 年在香港举办了名为“娱乐圈血肉史”

的“栋笃笑”专场。此后，直到 2007 年，第一家华语脱口秀俱乐部才在台北出现；大陆的第一家脱口秀俱乐部于 2009 年在深圳诞生。

为便于大家理解，下面解释一些本书中经常出现的相关名词。

脱口秀：一种针对现场观众的喜剧表演，通常为一个表演者直接在舞台上向观众作有喜剧色彩的表达。表演者一般被称为喜剧演员、脱口秀演员或单口喜剧演员。

俱乐部：1. 组织脱口秀演出的企业或机构。2. 进行脱口秀演出的场地。

厂牌：指俱乐部演出时使用的组织名称，一般与俱乐部同名。不过，同一家俱乐部名下也可能有多个不同名字的厂牌，比如单立人喜剧旗下的厂牌有牙花子喜剧和早期的惊讶喜剧。

开放麦：一种以练习为目的的非正式脱口秀演出，

通常由脱口秀俱乐部组织，参加者可能是新人或现场观众，也可能是成熟的脱口秀演员，一般不售票或票价很低。参加开放麦需要提前向组织者报名。

商业演出：正式售票的脱口秀演出，也称“商演”。

拼盘演出：一种正式的脱口秀演出。这种演出通常包含 1 名主持人，3—6 名脱口秀演员；演出时长约为 90 分钟，由主持人和演员平均分配，每人 15—20 分钟。

主打秀：正式的脱口秀演出。演出时长约为 90 分钟，参演演员为 3—4 名，最后出场演员的表演时长为 30—40 分钟。这种演出也称为最后出场演员的“主打秀”。

个人专场：正式的脱口秀演出。演出时长约为 90 分钟，参演演员为 1—3 名，最后出场演员的表演时长为 45—70 分钟，占整场时长的 50% 以上。这种演出也称为最后出场演员的“个人专场”。

堂会演出：由社会企业或个人组织，邀请脱口秀演员或俱乐部到指定的地方表演，并向其支付相应酬劳的演出。堂会演出通常不对外售票，观众都是与组织者有利益关系的人。

主持人：正式脱口秀演出或开放麦的现场主持者，通常由脱口秀演员担任。其主要职责是活跃气氛、介绍规则和演员、串场等。

热场：正式脱口秀演出或开放麦的开始部分，由主持人或第一名演员进行，可以是正式的脱口秀表演，也可以是与观众互动，目的是让观众放松下来，尽快进入观看演出的状态。

互动：指表演者在演出过程中与观众进行没有预先排练的即兴对话，目的是了解观众，或令现场气氛变得更轻松或更热烈。

串场：主持人在两位演员的表演之间进行的表演或互动，主要目的是介绍下一位演员上场。

响：指表演者的段子获得了观众的笑声或掌声。

炸场：指表演者的表演令现场观众放声大笑的情形。只有令现场半数以上的观众放声大笑的表演才能被称为炸场，声浪太小或大笑人数太少都不能称为炸场。

冷场：指表演者讲完段子后，观众反应冷淡或没有反应的情形。

救场：指同场表演的其他演员冷场后，正在表演的演员令现场气氛重新热烈起来的行为。

Call back（暂无恰当的翻译）：指演员在某个笑点响了以后，经一定间隔再次提及该笑点的行为。Call back 通常能再次获得观众笑声。

段子：即笑话，指一段包含铺垫与笑点的内容。何时称为笑话，何时称为段子，取决于使用的语境和使用者的习惯。

铺垫：段子中从起始到笑点出现前的内容，用于介绍段子的信息，并有意误导观众的思路。

笑点：1. 也称为“梗”。一般指段子的最后一部分内容，用于打破观众在铺垫阶段形成的假设想法，目的是让观众因意想不到而笑出来。它一般在整个笑话的最后，如果设置在中间或前面，很容易导致整个笑话不成立。

2. 笑的阈值。用于指出一个人是否容易发笑。笑点低表示容易发笑，笑点高表示难以发笑。

谐音梗：一种通过同音字或近音字来达到双关（字面上是一个意思，实际暗藏着另一个意思）效果的段子。

一句话笑话式段子（One-liner）：一种用词简短的笑话，其铺垫和笑点都在一个句子里完成。

Tight 5（暂无恰当的翻译）：指时长 5 分钟的笑点密集紧凑的脱口秀内容，它应至少包含 10 条段子，字数约为 1,000 字。Tight 5 是新演员取得第一阶段成就的标志性内容。

本书的常用术语及其解释应已列于上方，现在请愉快地开始你的脱口秀学习之旅吧。

目录 Contents

第一部分 成为脱口秀演员

第二部分 如何写出高质量的段子

第三部分 如何从业余表演走向职业脱口秀

第四部分 脱口秀的商业化

第一部分

成为脱口秀演员

COMEDIAN

第 1 章

什么人可以讲脱口秀

你讲的东西能不能让观众听清楚，这才是最重要的先决条件。

近年来，随着《脱口秀大会》等节目的火爆，以及遍布全国几十座城市的线下脱口秀演出的活跃，越来越多的人对脱口秀表演产生了兴趣，并想要进一步了解这个行业，甚至有人会想——我自己是不是也能走上舞台，成为脱口秀演员？

本书的第一部分就是回答这个问题：如何成为脱口秀演员。

先说说第一个最基本的问题：什么人可以讲脱口秀。

一般来说，几乎人人都可以讲。在行业里，甚至有脑瘫患者、语障人士成为优秀的脱口秀演员。但总体来说，讲脱口秀还是需要一些基本条件的，本章即从语言、性格、学历、性别、年龄、地域等多方面分析一下这个问题。

第一个条件是语言，即能否把话说清楚。可能你会认为，这个要求也太低了吧。很多人以为当脱口秀演员最重要的一点应该是天生幽默、天然喜感、老天爷赏饭。**不是的，你讲的东西能不能让观众听清楚，这才是最重要的先决条件**。这个条件是不是太简单了一点呢？实际上并不是。很多人就算没有严重的口音或“大舌头”，甚至声音很好听，依然有可能表达能力不及格。

如果你在人前讲话都讲不太清楚，站在舞台上能讲清楚吗？回想一下，你和别人聊天时，有没有听到别人对你说“你这话什么意思啊？”或者“没明白，你再说一遍？”。如果你经常遇到这些情况，说明你说话还没那么容易让人听清楚，若如此，要讲脱口秀就有点儿难了，因为如果观众听明白你的话都费劲，那你的段子再精妙，都无法让人听进去。

把话说清楚与后天训练关系很大。如果把这算作讲脱口秀的条件，那它是第一重要的。

第二个条件是性格。讲脱口秀的人都有一种非常明显的性格：愿意逗别人开心。你如果天生高冷，那讲脱口秀的难度就有点儿高。有些人天生就愿意逗别人开心，而且他们发现把别人逗开心之后自己会更开心，这种人就特别适合当喜剧演员。回想一下，你的同学、同事或朋友中，是不是都有几个这样的人？他们就很适合讲脱口秀。如果你也有这样的性格，那么恭喜你，你可能已经赢在了起跑线，甚至比别人领先了一个身位。一个身位有多重要呢？其实也没有多重要，因为喜剧是“长跑”。在长跑中，你就算是苏炳添，领先了别人一个身位也不一定能赢。所以我想说的是，只要你愿意逗别人开心，无论你平时是能言善道还是寡言少语，都有可能在脱口秀的长跑征途中成为一名喜剧演员。

下面几点，通常而言，大家将其看作非常重要的入门条件。

一是学历。是不是学历越高就越容易讲好脱口秀呢？并不是。虽然脱口秀演员最普遍的学历是大专和本科：比如周奇墨、程璐，他们的学历都是本科；硕士也有，比如呼兰、徐志胜；甚至博士都有好几位，比如黄西。但是，也有许多成功的演员学历并不高：比如池子，只读到初中；线下有好几位已经拥有个人专场的演员，也没读过大学；另外，广受尊重的“编外脱口秀演员”罗永浩，只是初中学历。总之，不管什么学历，只要你具备基本的语言表达能力，有自己的思考角度，能持续创作高水平内容，你就有可能讲好脱口秀。

二是性别。虽说优秀女性脱口秀演员不鲜见，但演员群体中还是男性多于女性，比例大概是 8∶2。不光在中国如此，其他国家也是。假如你是一位女士，想从事脱口秀表演，那要考虑清楚，你在这个行业成功的概率也相应比男性的要低。但从另一个角度想，女性只要愿意讲脱口秀，马上就跻身自带光环的 20%“少数派”了，这是不是让你觉得讲脱口秀是一个不错的选择呢？

三是年龄。什么年龄适合讲脱口秀呢？纵观全世界的脱口秀演员，什么年龄的都有。但是从大概率来说，能获得长期成功的人，都有一个特点：在很年轻的时候，比如读大学时就开始练习了，然后一毕业就从事与喜剧有关的工作，一直保持登台表演，讲到 30 岁左右，也就是毕业七八年之后，基本上就能够有所成就。但是要真正成为明星级别的人物，有专场上线，举办全世界巡演，拥有个人的脱口秀节目、电视剧或者电影，大概需要 10 年时间。著名的喜剧演员如路易·C. K.（Louis C. K.）、柯南·奥布莱恩（Conan O'Brien），都经历了喜剧的“长跑”。所以，假如你是一名学生，年龄十八九岁，喜欢脱口秀，那最好现在就开始，这样到你真正做出成绩也许还不满 30 岁。所以，请你马上开始吧。

假如你现在已经三四十岁了，才刚刚知道脱口秀，是不是太晚了呢？一点儿都不晚，我就是 35 岁时才第一次登台讲开放麦的，而在《脱口秀大会 5》上大放异彩的黄大妈已经 58 岁了，她是在 57 岁时才开始讲脱口秀的。在国外，甚至有专门针对 55 至 95 岁老龄、高龄人群开展的脱口秀培训课程，他们在退休后才起步，最后也能成为职业演员。

最后一个要说的条件是地域。出生地对讲脱口秀有没有影响呢？还真是有点儿，主要原因其实还是归结为语言。国内主流的脱口秀都是用普通话表演的，如果你从小在普通话环境下长大，就具备了一定的语言优势。你知道我们国家出脱口秀人才最多的三个地方是哪里吗？第一是东北，首先它是三个省加起来嘛，人口基数大，出人才的概率也高；再加上东北人性格幽默，口条从小练习到大，自然人才最多。另外两个人才大省是河北和山东。这三个地方有一个共同点，就是他们的日常语言都和普通话非常接近。

这些数据是怎么统计出来的？是我掰着指头一个一个数出来的，毕竟国内的脱口秀演员才几百个，我基本都认识，因此统计结果还是很可靠的。掰完了几百次手指头统计出来的结果告诉我，国内优秀的脱口秀人才主要来自北方。如果你在南方长大，那需要付出更多努力，才有可能在普通话脱口秀这个领域突围而出。当然，你可以选择讲方言脱口秀，就像黄子华那样，用粤语成就自己的“栋笃笑”巅峰。但这个概率太低，想获得成功，实在是非常人所能，我只能祝你好运了。

也许有人还会有疑问：除了以上提到的因素，其他因素，如家庭背景、成长环境、学习能力、思考能力，难道对从事脱口秀没有影响吗？就我所了解的国内外上千名脱口秀演员来看，这些因素似乎没有很明显的影响——或许有，但没法验证。

看到这里，你是不是发现，原来讲脱口秀的要求也不高啊。一个人若普通话较标准，且能把话说清楚，就已经是“很有天赋”了？那我也可以尝试一下？对，你真的可以尝试一下。**脱口秀真正难的地方就一点：你迟迟不肯开始尝试**。

如果你还是将信将疑，我就拿自己来当作例子吧。我，一个土生土长的广东人，生在普通工人家庭，从小没有经历什么大的环境变故，参加工作前几乎没离开过广东；读的是普通大学的本科，在与创意产业完全无关的公司里工作了 12 年；35 岁时才第一次尝试开放麦，然后一发不可收。在我的专业成长过程中，最拖后腿的就是语言。我说的是典型的“广东普通话”，发音上不分平翘舌、没有后鼻音，还有用词习惯等各方面都和普通话相差很远。所以，不管是表演还是创作，语言都是我讲脱口秀最大的障碍。

我讲了一年左右，才摸到门道，这时我的女儿出生了，我没办法每天晚上出去练习，也没办法离开家太久。但是我依然坚持下来了，经过 10 年的“长跑”，我在脱口秀领域取得了一些还可以拿出来说一说的成绩：拥有两个脱口秀专场，从 2013 年开始就在经营一家又一家的脱口秀俱乐部，担任过好几档著名喜剧综艺节目的总编剧，并成为畅销喜剧课程的导师……

为什么我能走到今天？我认真分析过，最大的原因来自性格：我有一种愿意逗人开心的性格，享受愉悦他人的感觉；而且我还不服输，为了讲好脱口秀，我花了很多精力练习普通话，看了无数的喜剧视频和书籍，每周登台练习，直到今天，我依然每天坚持创作。

所以，你和我有什么区别呢？你的起步条件是不是比我强得多呢？也许你和我最大的区别只有一个——你还没有踏上那个舞台。

那么，就从今天开始吧！本书会和你详细地讲清楚，**一个人从零开始接触脱口秀，到成为职业的脱口秀演员，都需要经历哪些阶段，每个阶段有些什么通关秘籍**。

我们下一章见。

第 2 章

第一次讲脱口秀的注意事项

脱口秀不是即兴演讲。

假设你现在已经下定决心，打算去讲你人生的第一次脱口秀了，先去哪里练习呢？

全世界练习脱口秀的人都会去一个地方：开放麦（英文名为 open mic）。开放麦是脱口秀俱乐部或爱好者组织的练习活动，它是在俱乐部或者酒吧、咖啡厅这类便于练习者聚集的地方定期举办的一项活动。开放麦一般有一名主持人和 10 名左右的演员。演员们按照主持人安排的顺序，轮流上台讲 5—8 分钟的段子。观众大部分都是脱口秀爱好者，他们来参加活动的主要目的是为了听演员们的新段子。

哪里找你所在城市的开放麦呢？

在你每天使用的微信里就能找到，因为所有的俱乐部都会用公众号发布活动消息。在微信搜索栏输入“城市名 + 开放麦”，稍加筛选，就能找到当地的开放麦活动。除了这个方法，豆瓣网站上还有一个“游遍全国喜剧俱乐部”小组，能在里面找到几乎全国各地所有喜剧俱乐部的联系方式。

第一次登上脱口秀舞台，该做些什么准备呢？

首先要准备稿子。要记住，脱口秀是一项表演的艺术，不管你是第一次讲还是第 1,000 次讲，你上台之前都需要准备稿子，而且内容越详细，越接近演出稿越好。按正常讲话语速，一分钟会讲 200 字左右，作为第一次上台的新人，组织者给你的时间都不会超过 5 分钟，通常都只有三四分钟，那意味着你为第一篇稿子准备六七百字就够了。讲 5 分钟的话，需要 1,000 字左右。

要记住一点，**脱口秀不是即兴演讲，一定需要稿子**。这是这门艺术的特征，就像弹钢琴必须要有琴谱一样。没有上过台的人经常有种错觉，以为脱口秀不需要稿子；还有一些更离谱的认知，有些人（通常口条很好，本职工作可能是主持人）甚至以为去讲开放麦，组织者会准备好稿子给你。我可以明确地告诉大家：**讲脱口秀需要自己写稿，而且必须是原创，不能是从网上或别的地方抄来的**。如果你连写几百字稿子的能力都没有，那还是先练好这个基本功再来吧。

好，假如你现在打算写稿了，写些什么内容呢？

对于第一次登台的新人来说，你要写的内容绝对不是好笑的段子。很多人都会犯一个错误，他们觉得自己是脱口秀的天选之子，第一次就必须好笑，必须要有流芳百世的段子。不需要，因为脱口秀真的是“长跑”，等过几年，甚至在短短几个月后回头看第一次的稿子，几乎所有人都会觉得难为情——“原来自己当初这么幼稚、这么可笑”。我拿自己当年第一次登台开放麦的稿子来举例，你就明白我在说什么了。

为什么我会来开放麦？当初我在百度上搜索与“开放”有关的词的时候——当然，我搜的那个词不是“改革开放”啦，你们懂的。搜索结果，跳出来一个什么“开放麦”！我就赶紧来了。

他们说今天给我搞一个入会仪式。我特意带了棉花和纱布过来，然后才知道，原来这里的帮会规矩是不同的，不需要割手指、喝滴血酒。为了喝这碗酒，我可是连车子都没敢开过来啊！主持人说，还好你来之前没有看过《投名状》，不然你带过来的脑袋我们该往哪里放呢！

作者：洛宾（2011 年 12 月 29 日第一次开放麦内容选）

所以，本章主要就是为了让你少走一点儿弯路，让你回看自己第一次的稿子时，不要像我那么难为情。第一次登台，你不要想讲出什么惊艳的段子，更不要讲你从网上或朋友圈听到的段子。那些和你无关的段子也不要讲，比如酒鬼喝醉了，和酒吧老板说了什么；老公出轨，和老婆说了什么；老师提问，小明说了什么；等等，不要去准备这些内容！

为第一次登台准备的内容应该是那些能让大家了解你的内容（上面我自己的例子就是一个错误示范），比如你是哪里人，今年几岁，感情或婚姻状况如何，做什么工作，为什么来讲开放麦……这些都是关于你自己的内容，光是把这几个问题讲清楚，就已经不止三分钟了，所以第一次开放麦能把自己介绍清楚，就已经很不简单了。如果要清晰表达、“不吃螺蛳”、不兜圈子，就必须先用文字把内容写下来。有了初稿后就要好好打磨，比方斟酌某个句子当中是否可以加入一些好笑的素材。如果可以，就尽可能地加进去，但是千万不要在里面硬塞一些网络段子或者网络语言，这有悖于脱口秀的原创精神。

既然你想好好讲脱口秀，请从第一次就尽可能做对。

以下是我这几年常用的自我介绍，虽然不算很精彩，但已经打磨过几百次了：

Hi，大家好。有人认识我吗？有没有觉得我像一个明星？上次我一出场，马上有观众指着我说，像杨迪！

还好有人纠正了他，说：不不不，像退了休的杨迪！

我叫洛宾，虽然我没有杨迪这么出名，但我在脱口秀界还是很有名的。全国也就三四百个脱口秀演员，我们是有个排行榜的，我在里面排名第五，厉不厉害？这个排名呢，是按年龄排的。

根据前面四个人的身体状况，我应该很快可以排第四了。

我做脱口秀很多年了，2013 年在深圳创办了一个俱乐部，叫逗伴脱口秀。这个俱乐部里走出了很多现在如雷贯耳的人，比如程璐、思文、梁海源、张博洋，还有……我。

我是他们当中唯一还保持着初心的，就是至今还像当初一样，不红。

虽然不红，但我现在也成了那些年轻演员眼中的“成功人士”，因为我是脱口秀圈里为数不多有房有车的人。

这些年轻演员都很焦虑，总想着早点儿成功，我每次都劝他们：急什么呀，慢慢来。他们就会说，大爷你不一样，你都有房有车的人了，我们什么时候才有啊？我说你们别看我现在有房有车的，可我比你们大十多岁呀！十几年前我在你们这个年纪的时候在干什么呢？我在买房买车呀……

好，假设你现在已经到了开放麦的现场，正按照主持人安排的顺序候场。你要确保稿子早已经写好，而且已经在家里排练过无数遍。很多人都有登台焦虑，害怕自己上台忘词，有人甚至会害怕到临阵逃脱。应对舞台焦虑有且只有一个办法，就是按照稿子一遍又一遍地排练，背得滚瓜烂熟，最好一字不差。**当你背稿到自己都想吐了，你的焦虑往往就会消失，**同时，你的心理会转变成“怎么还没轮到我上台啊，等不及了！”

候场时，你可以继续背稿子，但要留意上场时间。听到主持人喊你名字了，你就用平常的步伐走上台。记住你排练时的感觉，尽可能地还原你排练最好的那一次的状态，把稿子在台上讲完。讲完之后，如果发现这篇稿子虽然是按 5 分钟来准备的，但因为紧张，语速很快，3 分钟就讲完了，还剩两分钟，怎么办？在台上和大家随便聊聊？千万别这样！你连自己精心准备好的内容都没有办法如计划讲好，剩下的两分钟，难道会比精心准备的还要好吗？！所以，你若在台上提前讲完了，应该做的就是和大家说一声“谢谢”，接着，鞠躬下台。下来之后再复盘为什么演出时和排练时不一样，这才是你最应该做的。

比提前讲完更常见的问题是拖场，比如精心准备的 3 分钟，用了两倍时间才讲完，这很可能是因为你讲了很多赘词，也就是废话。在台上讲废话，主要是因为稿子记得不熟，为了把后面的词想起来，你会讲各种没有排练过的话来拖时间，说“灯光好亮啊”“空调好热啊”“今天我这件衣服好看吗”，诸如此类；第二个原因可能是一上台就被观众影响，不自觉地和观众互动起来。

记住：**一定要在约定停止的时点停止表演！**绝对不要时间到了还死赖着不下去——这不是你的人生遗言，不讲就没机会了。你最后可以说一句，“我今天准备的很多内容最后都没讲，看来我是把这第一次登台给搞砸了。非常遗憾！希望下一次不会搞砸，谢谢大家”，然后鞠躬下台。这很可能会为你赢得当天晚上最热烈的一次掌声——不服气，那就下次再来吧。

好了，现在你的第一次开放麦脱口秀舞台表演已经完成了，该怎么评价和面对自己的第一次呢？

我的建议是，不管你的第一次开放麦表现是好，是差，还是非常差，你应该做的都是忘掉它。如果你表现得很好，甚至超越了很多老演员，那你可以稍微高兴一下，但也没有什么太值得高兴的，每一次开放麦都会有第一次上台效果就完胜老演员的人。这个很重要吗？不重要。如果真的是因为特别有天赋，第一次登场就大放异彩，那你应该做的是赶紧好好利用你的天赋，尽可能快地进入这个行业，尽快成为职业的脱口秀演员。

喜剧事业是长跑，为什么我们经常这样说？这不是凭空得出来的结论，在脱口秀市场最发达的美国，有人做过统计，从第一次登上舞台，到成为明星级别的演员，拥有专场作品或个人节目，平均时间超过 10 年。这是一个不分国籍的行业规律。就算中国市场大得多，这个长跑时间也不见得会缩短多少。看看现在《脱口秀大会》里的顶流演员，他们一般少说也在线下默默奋斗了三五年，才获得了在节目里发光的机会。

不管你第一次登台效果有多好，即便好到让你记住一辈子，它对你的职业生涯都不太会有什么直接影响。我在脱口秀行业这么久，见过太多第一次登场技惊四座的新人了，但是最终能够真正长期从事这一行的，无一例外都是那些踏踏实实讲了很多场的。第一次效果特别好的人，反而最终有可能在这一行做得不太长久，因为他们很容易忽视舞台锻炼的重要性，当后面碰到挫折（任何演员都会遭遇冷场和瓶颈期），他们很可能就会因为心理落差太大而选择放弃。这样的例子太常见了。举一个会得罪人的例子，某次脱口秀节目上，有一位刚出场就惊艳大众的女演员，她真的是天赋极高，几乎没上过开放麦就摸到了脱口秀舞台的门道；然而不到一年，虽然她还是明星，但已不再讲脱口秀了。这条赛道，实在太难了！

任何一行都可能有奇迹，脱口秀行业也不例外，但奇迹都是短暂的。一开始不管是领先一点，还是落后一点，都无关紧要。假如你真的喜欢脱口秀，**请一定不要在意第一次开放麦效果的好坏，**忘掉它，默默地准备下一次，下一次，再下一次……这才是正道。

第3章

如何攒出自己的第一篇5分钟段子

让观众在观演的过程中思考，这是大忌。

从第一次开放麦，到达成自己的第一篇5分钟左右笑点密集的段子（应至少包含10条段子，约1,000字），需要一定的时间，短则上台讲三五次，长则数十次。新人演员的第一篇5分钟好段子在英文里有个固定说法：Tight 5。这是新人取得的第一个阶段性的成绩。取得这个成绩需要多少时间呢？通常来说，前10次上台，你一般都会有一两条相对自己来说效果比较好的段子——记住，这是相对自己来说的，不要拿自己去和那些老演员比。我这里说的不是必然规律，有些人可能连续上台一二十次，效果依然不行；而有些人只上一两次，就能够攒出一篇 Tight 5 的内容。虽然这因人而异，但其过程有规律可循。

通常来说，新人的那一两条好笑的段子都不是连续成段的，可能是一个谐音梗，也可能是一条灵感突现的段子。它们都是前后没什么关联的独立段子，新人一下子创作出一整篇好笑的内容很少见。

比如，我因为个头不高，刚开始有几条段子都是调侃自己身高的——买增高鞋垫，吃各种补品。诸如此类的段子，观众听完都是浅浅一笑，唯有下面这条段子每次都有效：

我曾经为了长高很努力地锻炼。我家门口有一棵树，上面有一个树杈，我用尽全力跳才刚摸得到，我每天原地起跳一百次去摸那个树杈，一年下来效果很明显，树长高了很多！我再也摸不到那个树杈了。

在这种情况下，要特别珍惜这些能够让观众笑起来的独立段子。因为它们虽然暂时不一定能帮你扩展成为一整篇段子，但是观众的笑声，能够给你信心，你也能够借此琢磨：为什么这些单独的段子能够让观众笑起来，是它们的构思特别精妙？还是刚好讲段子时把节奏给讲对了？这些都要好好去琢磨。

在这个阶段，可能会出现一种让人泄气的情况，就是你尝试了很多次，写了很多新的内容，但是最终能够让观众笑起来的还是那几条一开始就有效的段子。比如，我试过很多次站在台上想讲 5 分钟新写的段子，可足足有 4 分钟，观众都很安静！于是我开始表演跳高摸树杈，观众果然笑了！我甚至开始厌恶这条百试百灵的段子，并产生过一种心理：再也不讲它了！

不要这样！这不是这条段子的错，是你的新段子还没打磨好而已。这条让你百试百灵的段子是你的珍宝，请一定要好好珍惜。

如果你和我当年一样，没办法把这一两条珍宝段子拓展为一整篇有效的内容，那就请继续去尝试一些真正适合自己创作的题材，而这一两条珍宝段子，可以用来作为开场，让气氛迅速热起来，或者用来结尾。就算前面讲得再冷，如果能够用一条爆笑段子结尾，观众也能对你留下不错的印象，你的信心也不至于被打击得太厉害。

对于新人来说，在创作第一篇 5 分钟段子时，哪些方向的内容比较适合呢？常见的有以下三个：

第一，自己的身体外貌特征。比如胖瘦、高矮、美丑，这些特点都适合用来创作大概 1—2 分钟的段子。这方面的例子，最值得参考的就是《脱口秀大会》上爆红的徐志胜，想想光是额角那一撮头发，他就创作了多少段子。

如果你长得平平无奇，怎么挖都挖掘不出来外貌方面的段子，怎么办呢？第二个常见的创作方向，就是个人特色的背景。这些背景包括你的家乡，此类地域相关的内容，可以带来很多创作灵感。除了地域，还有特定的学历，如初中就辍学的经历；再有特定的工作，如在殡仪馆的工作经历；或者非常特殊的家庭关系，比如家中有 9 个兄弟，诸如此类。

第三个值得用来创作的题材，是情感关系。吐槽一下你的男朋友或女朋友，老婆或老公，还有父母、兄弟、姐妹，如果对方身上真的有特别多值得吐槽的地方，这将会是你的一个宝藏。

对于新人来说，第一篇 5 分钟段子从上面三个大方向来创作是最有效的。特别不建议新人把太多时间用在创作时事热点类的段子上，因为这些题材都有时效性，过了一段时间就用不了了，很难持续打磨。比如关于北京冬奥会这个热点话题，如果你在开冬奥会那段时间创作了很多相关的段子，效果很棒，但半年后，你还愿意继续讲吗？而且对于新人来说，讲这类的段子，常常会让你难以判断，究竟是这个新闻热点本身让观众觉得好笑，还是你的段子很好笑。另外，以时事热点为背景，相当于提前帮你在观众心目中打好了铺垫，你只要说一个名字、一个词，观众就能听懂你要说的铺垫，你只需要把笑点说出来就够了。你在铺垫上省了功夫，轻易地获得了笑声，感觉是挺爽的，但是这个省下来的功夫，实际上让你少了一个练习如何创作铺垫的机会，不见得是好事。

假如你的第一篇 5 分钟段子内容就是根据身体外貌、特定背景、情感关系三个方向进行创作的，且每一个方向都创作出了一两分钟的段子，该怎么把它们很好地串联起来，形成一段不错的 5 分钟表演呢？

前两分钟，要从你的身体特征开始。因为这是你给观众的第一印象，毫无疑问一定要从这方面说起，如果你是一个有着明显身体特征的人，观众第一眼就被吸引住了，但你就是不说，反而会引起观众多想：哎，他为什么不调侃一下自己的外貌特征呢？观众一思考就会减少笑的精力，**让观众在观演的过程中思考，这是大忌**。

讲完自己身体特征方面的段子，可以很自然地过渡到感情关系方面的内容，因为这和你的身体外貌特征多少也是有关的，比如你长得特别胖，但是居然有一个很娇小的女朋友，这将会令你非常容易地过渡到这个话题，就一句话：“我长这么胖，而我女朋友体重只有我的一半。”接下来就可以顺理成章地讲你和女朋友的段子了。

讲完这两段，你已经用去四五分钟了，接下来可以讲特定背景的段子。不管你是要讲你的家乡，还是讲你的工作，怎么从情感关系过渡过来，其实基本上不用怎么考虑，一句简单的过渡句子就可以，比如：“说说我的工作吧”，然后开始吐槽工作；“我其实是一个南方人”，开始讲地域相关的段子；“我们还养了一只猫”，开始讲养宠物的段子……甚至是一个稍稍的停顿，话锋一转就可以变换内容方向。

最后的一两分钟，不管你打算讲什么题材，一定要有把握。能不能承前启后，能不能价值升华，都不重要，重要的是一定要爆笑！在笑声中收场，这是任何级别的脱口秀表演都追求的效果。

怎样判断自己的第一篇 5 分钟内容是否成功呢？如

果这篇稿子里的每一条段子你都打磨过，并都已经得到过观众笑声的验证，现在你把它们编排在一起进行表演，依然有 80% 以上的内容能获得笑声，这对于新人来说，就已经是一篇成功的 Tight 5 了。

第一篇成功的 Tight 5 内容出来后，怎么将其扩展到 10 分钟，甚至 15 分钟？除了要挖掘不同题材，更重要的一点，就是在现有题材上继续深挖。任何题材，能够创作出来的段子都是无穷无尽的，只看你能不能而已。就和流行歌一样，每年那么多人歌唱爱情，但依然有令人惊艳的新作。

很多新人并不相信这一点，他们总觉得题材会被写光，比如老说自己的外貌，很容易被说腻。其实，那可能是因为你仅仅局限于自己而已，外貌除了能给你带来烦恼，其实还有很多可以拓展深化的方向。比如，可以探讨以貌取人现象，探讨这一现象对社会生活方方面面产生了怎样的影响。怎么样，是不是光听到这两句话，就觉得这是一个想去创作的宏大题材了？记住这句话——**任何题材的段子都是创作不尽的**，你只需要好好去挖掘故事。

有了第一篇 Tight 5 之后，要不断增加和丰富你的内容，最重要的途径就是持续不断地参加开放麦锻炼：把刚创作出来的段子排练好，然后拿到舞台上去面对观众，这是唯一让你的段子和舞台经验得到积累的方法。

当然，光练习还不够，还要拓宽你的眼界。现在很多新人的脱口秀启蒙都来自《脱口秀大会》，但实际上，真正高水平的脱口秀演员主要在国外。网上有大量带中文字幕的国外脱口秀视频，它们都经过了制作单位和字幕组两道严格筛选才让你看到，质量基本都有保证。不要只把眼光局限于国内，要大量地看全世界的优秀作品。作家要大量阅读才能写出好作品，脱口秀演员也要大量阅片才能拓宽思路。

新人在看国外的脱口秀视频时，容易遇到看不懂的问题，有时不管视频里观众笑得多么开心，自己就是笑不出来。有个方法可以让你不那么痛苦：若一个视频看了 5 分钟都笑不出来，那就换下一个看。网上可以选择的脱口秀视频太多了，能够让你不重样地看足一年。不用强迫自己去看那些人人都说好，但你就是笑不出来的视频，只需要找那些你觉得好笑的来看就够了。

现在合上书本，去预约一次开放麦吧。

第4章

如何与脱口秀俱乐部及同行打交道

一个演员的真正进步是靠不停地创作、不停地登台表演获得的。

当你已经开始讲了一段时间的开放麦，基本上就可以把自己称为脱口秀演员了。不要觉得不好意思，脱口秀演员并不是什么高高在上的称号，没有人给你颁发奖状，也没有人过来查你有没有脱口秀“四六级”证书。如果你真的想从事脱口秀行业，从一开始就要有这样的自信——自己一定能成为一名优秀的脱口秀演员。

有一些组织得比较好的脱口秀俱乐部会为新人演员组建一个单独的群，群里的人参加开放麦的次数都不太多。等你持续讲了一段时间开放麦，通常就能进入常规演员的群，这些群里会有相当资深的老演员，甚至是已经成名的演员。当然，俱乐部更常见的做法是一开始就把你拉进一个开放麦大群里，里面新人、老人混在一起。上述三种群，不管哪一种，只要进去了就行。本章接下来要讲的是，在这些群里怎样既能学到东西，又能和新老演员们好好相处。

新晋脱口秀演员需做到一件很简单的事情：不要讨人嫌。也许你在学校是一个非常热爱学习，非常愿意向别人虚心请教的人，但是在脱口秀演员群中，不要采用这套方法。特别是面对一些前辈的时候，你的热情、虚心往往是令人讨厌的。所有老演员都知道，**一个演员的真正进步是靠不停地创作、不停地登台表演获得的**，而不是靠不停地向别人请教，不停地征询他人意见——**这样做会导致两个非常不好的结果：第一，你得不到真正好的意见；第二，你会被老演员们嫌弃**。

相较于不停向他人请教和征询意见，一个更令人讨厌的做法是不停发表自己的看法。大家都知道你是新人，不管你的表达能力多好、背景多辉煌，你在这一行就是一个小白，不太可能提出对别人很有用的建议。但有些人就是喜欢表达，反反复复地说很多自以为正确的建议，比如点评同行的演出，向大家推荐你刚看完的视频（可能别人几年前就看过了），时刻都要抖机灵，每一句话都想接一个梗……这些常常是没什么价值的表达，很容易导致你在同行中不受待见。

虽然强烈的表达欲是优秀脱口秀演员的必备特质，但在新人阶段频繁发表意见确实有风险，如果你抑制不了自己旺盛的表达欲，不妨写出来，在社交媒体上发表，如果写得好，说不定还能收获真正的粉丝。

作为一名新人演员，在俱乐部中最受欢迎的做法有两种：

第一，积极报名开放麦，绝对不爽约。俱乐部通常都会提前几天开放报名渠道，若抢到名额，你一定要尽最大可能守约，特别是不要在活动当天临时爽约。很多俱乐部对临时爽约的演员都会有一定的惩罚措施，例如暂停一两次报名资格。

第二，尽可能提前到达开放麦现场。很多俱乐部人手不足，他们布置场地以及撤场都需要人手，如果你不是特别忙，请尽可能提前到现场，帮忙做一点力所能及的事情。这对你获得俱乐部老板的好感非常有帮助，他们会因此愿意给你更多机会，例如在报不上名时给你加塞，或者有替补名额时特意通知你，甚至更早地让你走上商演舞台，机会有时就来自这些一点一滴的小事情。

作为新人，在开放麦里为自己的表演录音、录像非常重要。早点到现场也有利于你架设自己的录制设备。最好当然是带一个三脚架，接上手机给自己录像。用手机录像就好，尽量不要带那些贵得吓死人的专业摄像机，不但麻烦，还会让人觉得你小题大作。

上台前把录像角度选好，同时对好焦，再点开录制按钮，可请一个演员或者朋友帮你看着手机。不要要求别人帮你做太多事，只是要求他帮忙看着不让三脚架被人踢倒，或者不让录制意外中断就够了。要求别人拿着机器帮你拍摄，或者提出很多录制要求，都非常讨人嫌，尽量不要去做。

这里有一个让声音录制得更清晰的小窍门——使手机三脚架尽可能靠近音箱。当然，如果你有无线小蜜蜂这样的专业设备，那就无所谓，放在哪里录都可以。如果你觉得录像太麻烦，最简单的方法就是给自己录音——上台时点开手机应用的录音键，然后把手机放在裤兜里，或者放在舞台的椅子上，这样基本都能录到清晰的声音。如果你对音质有更高要求，可以买一个几十块钱的领夹式麦克风接到手机上，音质至少能提升一两倍。

录音、录像的目的当然是让你回去好好地重看自己的表演效果，从中找出不足的地方加以打磨改进。现在是短视频时代，你录出来的内容也可用于短视频账号或者微博。这样，除了找到自己的不足，也可能意外收获一些粉丝，甚至成为网红。总之，给自己的表演录音、录像非常重要。

当你积累了 5 分钟以上质量不错的内容，就要勇敢地报名参加俱乐部举办的各种比赛。俱乐部经常会有一种所谓“battle 赛”或“争霸赛”，让新人和老演员同台竞技。不要错过任何一场这样的比赛！不要害怕，作为新人是没有什么不能输的，一旦赢了一次，你的信心会大大增加，给同行和俱乐部老板的印象也会大大提升，利于你更快走上商演舞台。对于新人来说，battle 赛比任何一场开放麦，甚至比商演的机会都要重要。因为你可能在很不成熟时，机缘巧合地获得一两场替补商演的机会，但即便如此，也远比不上在一场 battle 赛里获得冠军所带来的影响大。记住，对于新人来说，battle 赛就算输掉了 100 次，也还要再报名第 101 次。

演出结束后，脱口秀演员有时候会一起喝酒、吃饭。作为新人，应当尽量参加。如果不喜欢喝酒，直接说出来就行，在脱口秀行业里，几乎没有听说过强行劝酒这样的酒桌文化，大可以放心地参加。这样的活动能让你对行业有更深的认识，还可以让你找到一起创作的“段子伙伴”，一起进步。其实不管资历深浅，很多演员下了舞台都有社交恐惧症，但是因为大家有脱口秀这个共同兴趣，聚在一起的气氛往往都很欢乐。通过聚会，多了解行业的最新动态，多讨论表演经验，你就能更快融入这个行业。

第5章

如何走出本地，与外地同行交流

只要你想上台，机会总会留给有准备的人。

2009年，中国大陆第一家脱口秀俱乐部在深圳诞生。随后，上海、北京、广州等超大城市也逐渐有了一些包含脱口秀形式的喜剧俱乐部。2015年以后，这股风潮陆续蔓延至其他城市。截至2022年，全国的脱口秀俱乐部已经超过了150家，从北上广深到成都、杭州、南京、武汉、长沙、厦门、贵阳……一直到内蒙古、新疆，都有了自己的脱口秀俱乐部。现在国内的脱口秀演员去哪个城市出差或旅游，都形成了一个习惯，即去之前会联系当地的脱口秀俱乐部，届时就算没机会演出，也能和当地演员交流，这种做法完全改变了以前旅行交友的固有方式。

如果你是一名业余脱口秀演员，到某个城市出差或旅游，尚未和当地脱口秀俱乐部联系过，要怎么快速找到他们呢？

最简单的方法当然就是在开放麦报名群或者观众群里“吆喝”一下，请别人介绍认识这个城市的脱口秀俱乐部。

第二个方法就是去网上搜索。就和你当初找自己城市的俱乐部一样，在微信搜索栏里输入“城市名＋脱口秀”，基本上能找到当地的脱口秀组织。因为但凡有一点追求的喜剧俱乐部，都会运营微信公众号，一般而言，这也是他们经营得最积极的媒体，微博或者豆瓣同城上搜出来的信息都没有那么靠谱，如果连公众号都没有，那这种俱乐部不去也罢。之后，你可以通过推文里的联系方式添加联系人或加入观众群，一般就能和负责人对接上。

联系上以后，你需要问清楚在你到访期间，他们有没有开放麦活动，如果有，你还能不能报名。如果报名已满，有两种方法可试：

第一，再去找找这个城市的其他俱乐部，运气好的话，会有空缺让你报上名。

第二，如果你联系的俱乐部演员都已经排满了，那是不是就没法登台练习了呢？别灰心，可找一下和你对接时相对热情友善的俱乐部，告诉他们，不管有无空缺，你都想到现场看一看——这个要求对方一般会答应。到了现场，很有可能让你逮到机会临时上台讲一段，因为几乎每场开放麦都可能有人临时“放鸽子”，就算没有，也有可能那天演员们讲得快，从而多出一些时间，或者那天气氛很好，组织者想延长时间……**只要你想上台，机会总会留给有准备的人**。

向当地俱乐部推荐自己时，需要花点心思。如果你在自己城市已经练习了比较久，演出效果也有一定保证了，和当地俱乐部联系时，可以大大方方和对方说明这种情况，因为每家俱乐部都希望看到新面孔和新鲜内容。如果对方知道你有一定经验，是很愿意创造机会让你上台的。当然，介绍自己也要实事求是，不能过分夸张，否则当别人抱着很大热情想看一个外来和尚如何念经时，你在台上的效果却一塌糊涂，不但是对自己的伤害，也会让人对你所在城市的脱口秀水平产生不好的印象。

在其他城市演出，有些什么注意事项呢？

首先，要讲那些在自己城市已经非常有把握的段子。但就算这样，往往也会遭遇意外，就是那些在自己城市百试百灵的段子，到了别地儿却毫无反应。不用沮丧，这种情况很常见，因为你的段子在自己的城市很有可能有地域“加成”。比如在一个没有地铁的城市大讲地铁上的遭遇，怎么能期待观众有共鸣呢？

除此以外，当地的语言习惯、口音以及生活方式都有可能导致段子失灵。比如，粤语会把“我先走了”说成“我走先了”，很多广东演员会直接用普通话说“我走先了”，如果这句话在段子里很重要，北方观众就会反应不过来，从而这条段子有可能就失效了。你应该庆幸遇到了这些问题，正是因为它们的存在，你才需要不断走出去，在不同的城市表演。你的目标不是一辈子都在你的城市表演，而应是面对全国各地，甚至是全球的观众，因此必须要有一些放诸四海而皆灵的段子。去不同的城市，不断打磨你的段子，就是一个让它们适应尽可能多的观众的过程。

当你发现有些段子只在特定的城市有效时，不必丢掉它们，将它们分门别类标注好，总有一天能够用上。这里还有一个窍门，就是有些段子虽然只在某个城市有效，但是如果在另外一个城市你还是想讲它，那就多加一点铺垫，只要观众听懂了它的背景，也可能产生效果。

举个例子，我有一条段子，调侃了星巴克诱导顾客买大杯咖啡的营销手法：把中杯称为小杯，把大杯称为中杯——因为杯型越大，价格越贵。这个现象几乎是大城市消费者的共识，每次讲它时，我都不需要介绍这个营销手法，就能引起观众共鸣。若是在没有星巴克的地方讲这条段子，我就会特意将这个营销手法提前告诉观众，这样，即使段子内容一模一样，观众依然能够笑出来。因为这条段子的核心，其实是吐槽贪小便宜、爱面子等人类都共通的情感体验，不管去哪里都有效果。这也是我去了不同的城市，讲了无数遍这条段子才得出来的经验。你自己的段子，可以根据实际情况琢磨怎么修改。

除了出差、旅游时的顺道交流，还有其他机会吗？如果有人花钱邀请你去演出，那当然没问题；但如果是自己想主动出去，什么情况比较值得去呢？

前面讲过，很多脱口秀俱乐部会定期举办比赛或者训练营，特别是笑果文化、单立人喜剧、喜剧联盒国这些俱乐部，他们举办的比赛是全国性的，很多演员打破脑袋都想参加。如果你是一名新人，也积累了一定时长的有效段子，那一定不能错过任何一个报名参加这些比赛的机会。除了有不错的奖金，它们往往还会负担一定比例，甚至是全部的差旅费，你所需要付出的只是时间成本而已。就算没有报上名，自费去看也非常值得。一方面可以观摩各地优秀演员的比赛，另一方面可以尝试新城市的各种机会。

报名参加这些比赛的方法也很简单，只要你平时关注这些俱乐部，或在演员群里保持关注，基本上就不会错过。知道信息后，及时按照报名要求提交报名资料即可。通常要提交的报名资料，除了文字简介，还需一段带字幕的表演视频，视频若能做到画质清晰、收音清楚，你被选中的概率就会大大增加。这也是我前面说去讲开放麦或去表演时，都要尽可能录像的重要原因。

第 6 章

如何自己组织开放麦

对于热爱脱口秀的你来说，不管有无潜力，都必须真正热爱舞台。

前面讲过，国内目前已经有超过150家喜剧俱乐部，每家俱乐部每周至少都有一场开放麦活动。但是如果你所在的城市并没有这样的活动，或是活动的地方都离你很远，不方便去，怎么办呢？最现实的做法就是自己来办一个。作为一名经验丰富的开放麦活动组织者，我下面主要讲讲如何组织开放麦活动。

首先要明确一点，你组织的这个开放麦活动不可以卖票！因为你一旦卖票，就算票价只要1块钱，那也是营业性演出，必须要去当地文化旅游体育部门报批。如何组织营业性演出，后文第 18 章将会细讲，这里主要讲作为一名爱好者，组织其他爱好者来开展非营业性脱口秀练习聚会需注意的地方。

地点

首先要解决场地问题。开放麦最常用的场地是酒吧或咖啡厅，但物色场地时，你一定要花时间和老板交代清楚活动的性质，千万不要承诺能带来多少观众和消费。如果场地老板出于这些目的才答应你，那赶紧放弃吧，这种合作就像是一段从欺骗开始的感情，一定不会长久的。

最理想的情况是场地老板本身就喜欢脱口秀，刚好他的生意又不怎么样，他就很有可能不附带任何条件地答应你，或只要求观众承诺消费一杯酒水即可。从 2013 年喜剧俱乐部在民间兴起开始，能长期坚持做开放麦和演出的酒吧只有北京方家胡同的热力猫一家，这还是得益于这家酒吧顽强的生命力（运营近 10 年，已于 2018 年停止营业）。这种酒吧交通一般不会太便利，这也是要考虑的因素。因为观众都不愿跑远路，你若不是大明星，有多少人愿意出了地铁，下了公交，然后再走十几分钟到巷子里去看你那不一定好笑的练习呢？

如果找不到这样的场地，第二选择是城市里的共享办公室。这些地方的管理者通常愿意免费提供场地，因为那里晚上一般空着，吸引一些人来办活动，可权当作宣传。

除此以外，一些私人书店、音乐餐厅也是不错的选择。只要老板愿意谈，都可以试试，但根据以往的经验，这两类场地都做不长久。

再次强调，选择开放麦场地，交通便利很重要，一定要优先考虑位置的便利性。

时间

晚上，一定要晚上！开放麦的活动基本不可能在白天获得什么好效果，这是铁律。演员和观众也只有晚上才有时间，不要尝试去挑战这个规律。最好的时间段当然是周末，但周末都是留给商演的，所以开放麦一般都在周中，除非你的城市周末也没有演出，你才能选择周末来做不售票的开放麦。开放麦具体开始的时间要结合当地的夜生活节奏，通常是晚上 7 点半左右开始，活动时长最好不超过 1 个半小时。

人物

现在你已经把地点和时间都谈好了，谁来参加开放麦呢？主角当然就是你自己了，因为是你想参加开放麦，并且能填补你的城市在这方面的空白。如果你举办了一次开放麦，这个城市有史以来的第一次脱口秀活动就记在你名下了，你就载入史册了！想想是不是很激动？！虽然没什么用，但还是很激动，对不对？那就干吧！

首先你要找几个志同道合的人，一起举办这个历史性的第一次活动。你可以利用朋友圈、豆瓣同城等社交媒体来找同伴，也可以转发各种你认为能引起别人兴趣的脱口秀相关信息，问有没有人愿意和你一起玩，和他们约起来。

然后给这个开放麦组织起一个酷炫的名字，比如“葬爱家族单口喜剧”之类（开玩笑，千万别）……总之，名字的作用是让别人知道你们在玩儿什么。几个骨干成员一起商量一下，确定这个名字是大家都愿意长期使用的就行。又不是开公司，也不是黑社会，没那么多讲究。

好了，现在你已经找到了十几个人（一次开放麦活动的人数至少要保证有 10 人，少于这个数量就不太可能坚持下去）。当然，参加人数没有上限，来的越多越说明你的宣传工作做得好。十几个人里面可能只有三五个人是敢于上台尝试的，剩下的都是观众——没关系，可以开始了。

活动流程

第一次活动的具体流程是怎样的呢？首先确定一名主持人，最适合的人选可能就是你，毕竟这个活动是你组织的。但你的伙伴里也可能有人特别适合当主持人，比如有人原来就是婚礼或者夜场活动的主持人，那当然

可以让他 / 她来主持，你专心讲段子就行。

主持人的作用是介绍活动规则和控制时长，让观众尽可能放松和嗨起来。主持人不要当“麦霸”，一个人讲太长时间。最适合的时间安排是，活动开始后，主持人先讲 5—10 分钟。这段时间里，尽可能把观众“哄”来最前面几排就座，这样有利于聚拢气氛，同时也让他们不好意思提前离场。接着把活动规则介绍清楚，然后介绍第一位表演者上场。

第一位表演者讲完之后，主持人要接过麦克风暖一暖场。第一位表演者的效果通常不会太好，主持人可以调侃他一下，再讲一两条自己的段子，但千万不要讲太长时间。一般来说，如果把观众重新逗笑了，那就可以马上趁热打铁介绍下一位表演者。如果主持人也没法挽救这个冷场，那就顶多撑两三分钟，把希望寄托在下一位表演者身上。

所有人都表演完以后，主持人一定要和全场观众用面对面建群的方式建一个聊天群。这些观众都是下一次活动的主力参加者，并且很可能是你这座城市首家喜剧俱乐部的第一批成员。

活动结束后记得和观众合影，纪念一下这开天辟地的第一次。合影后把合照发到群里，也鼓励观众把活动中拍到的照片发到群里，这次开放麦就算圆满结束了。

每次开放麦结束时都要记得和观众面对面建群与合影，特别是要合影，有些人很可能“一转身就是一辈子”——他们再也不想回头经历这么尴尬的场合了。

具体内容

初学者去开放麦讲什么内容，前文第 2、3 章已经讲过了。很多初学者都有一个执念，认为要等到写出一篇好稿子了再去登台练习，如果没有写出来，就永远不愿意登台。再次强调：这是最错误的观念。

永远不要等稿子写好了再去练习。达到最低要求，写够字数就可以去了——连海明威都说“任何初稿都烂得像屎”，你就勇敢地去吧！甚至，有时候没有稿子也可以去，只要别人允许，你就要抓住任何机会上台。没有稿子，上台去讲什么呢？讲故事。讲你经历过的真实故事，尽可能讲得有趣一点儿，目的是让组织者觉得你虽然没做准备，但还算是一个有趣的人，不至于下次不让你来。当然，下次就一定要准备好稿子再来了。

综上所述，一个开放麦要长期办下去，必须具备下面条件：

1. 固定的地点。尽量不要更换场地，否则好不容易积累的观众和演员都将流失，很多方面又要从零开始。相比其他条件，固定的场地最为重要，能不改换就绝不改换，所以从一开始就要选定地址。

2. 固定的时间。每周的活动时间不要变，比如若确定了周三晚上 7 点半开始就永远都是这个时间，就算场地改换，时间也不要变。场地、时间皆变，最不可取。

3. 组织者的坚持。俱乐部人员会流动，不管谁，即使创始人或台柱子走了都没关系，只要留下来的人继续用相同的名义举办活动就行。这是一个非盈利的爱好者组织，大家的目的是有个地方长期练习脱口秀，仅此而已。如果不打算靠它来创业，那么谁是这个组织的老大真的不重要，组织者能坚持办下去才最重要。

有人曾成功地组织了前几次开放麦，但后面好几个月才办一次，到最后不了了之。据我了解，这种情况并非个例，其最主要原因一般是当地始终没有出现一个或几个有潜力且真正热爱舞台的演员。但演员强求不来，如果没有合适演员，你就努力把自己变成这样的人吧。

对于热爱脱口秀的你来说，不管有无潜力，都必须真正热爱舞台。如果对你来说，站在舞台上把观众逗笑是一件快乐无比的事，那么你就是有潜力的。你自己热爱舞台，又为他人提供了舞台，而且能持续提供，那些和你趣味相投的人迟早会向你靠近。有了几个志同道合的人，开放麦就能持续办下去了。喜剧事业是长跑，舞台就是跑道，有了一直存续的跑道，你才有可能跑下去。

最后一个建议：在组织开放麦时，有一个私心你必须带着，那就是办活动是为了让自己有舞台可以表演。如果你既不热爱舞台表演，又不是场地方的老板，只是凭着一腔热情，无私地为他人作嫁衣裳，大家当然会很感激你，但你的热情终究会消退。不管你是多么伟大的利他主义者，光凭热情的支撑是无法成事的。

第二部分

如何
写出高质量的
段子

JOKES

第 7 章
段子的秘密 1：段子结构

如果把笑话比作一杯咖啡，笑点（笑的阈值）就是你喝咖啡的口味。

段子和笑话区别不大，段子就是笑话，笑话就是段子，实际情况下用哪个叫法，取决于我们的喜好，不用纠结太多。当然，有时候因为语言习惯，不能混淆二者，比如我们说“这个人他就是个笑话”，而不会说“这个人他就是个段子”。另外，称一个人，可说“段子手”；而不说“笑话手”。不过，在喜剧环境下，我们不必过多地区分笑话和段子，将两者视为一类也没有问题。

还有笑点。段子里的笑点和我们日常说的“笑点”不一样，后者是指“笑的阈值”。我经常听到有人说：“我笑点很高，能把我逗笑很不容易。”喜欢说这句话的人，往往对自己的喜剧审美很有自信，甚至觉得笑的阈值高是一种优越性。脱口秀演员一般不说这样的话。越喜欢说这句话，越说明这个人看的笑话还不够多——笑话看得越多，这种“笑点高优越感”就会越少。

如果把笑话比作一杯咖啡，笑点（笑的阈值）就是你喝咖啡的口味。有人觉得喝不加糖、不加奶的黑咖啡才叫厉害；在我看来，往一杯咖啡里加入八成的热牛奶，上面再绕几个圈的奶油，然后淋上一大堆巧克力酱的人才叫厉害——这说明他很有钱。

实际上，口味是没法比的，你觉得好喝就是好喝，不在于你喝的是高级咖啡馆里的手冲咖啡，还是便利店里的速溶咖啡。笑话也是一样，你觉得好笑就是好笑，觉得不好笑，把你绑起来挠脚板心你也不想笑。那么，有没有什么共通的笑话是可以戳中所有人的笑点呢？我给你举个例子。

英国有个研究机构曾经做过一个问卷调查，以选出世界上最好笑的笑话。最终超过一百万人投票，选出了下面的笑话：

两名猎人在森林里打猎，其中一名突然晕倒了，不省人事，另一名猎人眼看他的朋友没了呼吸，赶紧报警求救："我的朋友突然倒地上死了！怎么办？"警察在电话里赶紧安慰他："别慌，你按我说的做。第一步，你先确定他是不是真的死了。"说完电话里突然一片安静，接着传来"砰"的一声枪响，然后那名猎人又拿起电话，说："好了，下一步怎么做？"

怎么样？这个世界上最好笑的笑话，好笑吗？我拿这个笑话问了不下 50 人，觉得好笑的大概占了三分之一吧——世界上没有一个笑话可以取悦所有人，但所有笑话都有两个共同点，下面我将就这两点进行剖析。

共同点 1　所有笑话都由两部分组成：铺垫（setup）+笑点（punchline）

这是笑话的基本特征。铺垫是指笑话从开始到笑点出现前的内容，用于介绍笑话的信息，并对观众的思路进行误导。段子里的笑点也称为“梗”，是笑话的最后一部分内容，用于打破观众在铺垫阶段形成的假设想法，目的是让观众因意想不到而笑出来。笑点或梗一般放在整个笑话最后，如果放在中间或前面，很容易导致整个笑话不成立。

因此，一个笑话的运作原理是这样的：用铺垫误导观众，让他们脑海里产生不同方向的假设，然后用笑点打破这个假设。来看一个笑话的例子（来源于网络，作者无法考证）：

我有个胖妹妹，她今天去农场玩，问农场主：“你的马群里面怎么有一头骆驼？”农场主指着骆驼说：“这不是骆驼，这是你昨天骑过的马。”

这个笑话，从开头到农场主说出“这不是骆驼”之前，都是铺垫，它的作用就是引导观众在脑海里产生一种假设：马群里有只动物长得像骆驼，却又不是骆驼，那它是什么？难道是有一只羊驼混进了马群里？

然后农场主说“这是你昨天骑过的马”，笑点突然就出来了，直接打破了刚才观众想的“什么动物长得像骆驼”的假设。原来这个笑话是在嘲笑“我妹妹”的体重！这位妹妹太重了，她昨天也来了农场，骑了这匹马，马背都被她压弯了！

但如果我把这个笑话换成另一种表述：

我有个胖妹妹，她今天去农场玩。农场主一看到她就说：“你看看，我的马昨天被你骑过以后，马背都被压弯了，现在看起来就像一头骆驼！”

还好笑吗？也许有一点点吧，毕竟画面感太强烈了，但效果肯定大打折扣了。同样的故事，为什么换一种表述就不像笑话了呢？原因就在于，第二种表述在铺垫阶段并没有刻意去误导观众的想法，而是很自然顺当地说出了事情的真相，因此笑点就没了。

可能有人会觉得并不是所有的笑话都有铺垫，甚至有些讲了几年脱口秀的演员也提出过这样的疑问：“为什么笑话一定需要铺垫？不可以每一句话都有笑点吗？”

对于这个问题，首先要明确，每一个笑话都有铺垫，不存在没有铺垫的笑话。但是，铺垫的形式有很多种，有时根本就不需要用语言呈现出来。比如，有不少演员一站上舞台，连话都不用说，观众就开始笑，铺垫在哪里？这些铺垫往往隐藏在几个地方：

1. 演员的过往。这些过往常常已经为观众所熟知，比如岳云鹏、宋小宝、小沈阳，大家都熟悉他们，喜爱他们，只要他们一出现，观众脑海里就会自动为他们铺垫无数的表情包，也就忍不住笑了。

2. 演员的外貌。比如徐志胜，他在没有任何名气的时候，一出场观众也会笑，就是因为他的丹凤眼和那撮头发，实在太有喜感了，打破了大家对演员外貌的预期。

3. 主持人的铺垫。比如有些外形特别的演员喜欢让主持人反向介绍，把丑介绍成帅，把胖子介绍成瘦子，把老演员介绍成小鲜肉，目的都是为了误导观众的预期，他们一现身，其实就把笑点抛给观众了，这招屡试不爽。

脱口秀的段子能不能每一句话都是笑点呢？可以的，但一般只局限于一小段。当你把铺垫做好以后，可以连续抛好几个笑点，这种连续笑点是很多演员都在追求的高级技巧，如果做到了，往往能掀起演出的高潮。如果能经常做到，说明这名演员的水平已经到了相当高的境界。我在本书第 14 章里举了一个例子，在一次和观众互动的过程中，我用一个铺垫带出了三个笑点，那就是连续笑点。

共同点 2　所有的笑话都包含痛苦（bad）

我们经常说“你有什么不开心的，说出来让我们开心一下”“把自己的快乐建立在别人的痛苦上”，从幽默原理的角度分析，这些说法其实都是对的。仔细想想上面的例子：马“变成了”骆驼，谁在承受痛苦？是马、胖妹妹，甚至农场主！谁获得了快乐？是听众以及那个没心没肺的哥哥（或姐姐）。笑话不管是真实的还是编的，里面必然至少有一个承受着痛苦的对象。

笑话由铺垫和笑点组成，并包含了痛苦的元素。那铺垫和笑点是怎么把痛苦的情愫表达出来的呢？有两种模式：

1. 铺垫和笑点是相反关系。

所谓相反，即铺垫时，说的是好的事情，而笑点是坏的事情。从铺垫到笑点是一个从好到坏（good to bad）的过程。来看一条我自己的段子：

我结婚好几年还没生小孩，我岳母一直念叨：“赶快生孩子吧，再不生就来不及啦。”我不敢说话：现在哪有钱生孩子啊。我岳父是做生意的，他看我不作声，马上明白了，拿出支票本，在上面刷刷刷地写了几个数字，递给我说：“我知道你有困难，拿去吧，这是我认识的一个老中医的电话号码。”

这个例子中，铺垫是让听众以为岳父会给“我”钱，这是 good；笑点却是他给了“我”一个老中医的电话号码，暗示“我”是一个在生理上有问题的人，so bad！（太痛苦！）

如果反过来，从坏到好行不行？以为岳父不会给“我”钱，最后他却给了“我”一大笔钱！这不是笑话，这是神话。虽然不好笑，但我更想要这个结果！

2. 铺垫和笑点是递进关系。

所谓递进，就是从铺垫出的“坏”走向笑点里的“更坏”（bad to worse）。举个例子：

我有个外甥，才读初中，他前两天跟我说他有女朋友了。我说你才 14 岁，不应该在这个年龄谈恋爱吧？他说：“对，所以我从 10 岁就开始谈恋爱了。”

Bad to worse！这里痛苦的是谁？是我这个担心晚辈早恋的长辈。

下面我再举几条段子，请分析其中的痛苦元素。

段子 1

我讲脱口秀 10 年了，我在中国脱口秀界非常有名，业内有个排行榜，上榜的有几百个人，我在里面排名第五，这个排名是按年龄排的。

在这条段子里，痛苦属于__________，因为________________。

段子 2

很多人都尝过春节被逼着去相亲的痛苦，我也是。我父母是那种特别不懂事的人，每年春节，他们都要被我逼着才肯帮我安排相亲。

在这条段子里，痛苦属于____________和____________，因为________________________。

段子 3

我父母很喜欢吵架，一吵架就会把我女儿吓哭。我劝他们：“要不你俩去学手语吧？以后吵架用手语吵，就不会吓到孩子了。”他俩真的各自去学了一门手语，一个学了咏春，一个学了洪拳。

在这条段子里，痛苦属于____________和____________，因为________________________。

剖析笑话，其实就这么简单：所有笑话都有铺垫和笑点，都包含痛苦；铺垫与笑点形成痛苦情愫的模式要么是从好到坏，要么是从坏到更坏。

如果你听了我的剖析，以后看到笑话再也不觉得好笑了——恭喜你，你其实还是没懂……请把本章从头再看一遍吧。

第 8 章

段子的秘密 2：讲段子就是不好好讲故事

把一个普通故事加工成脱口秀段子是脱口秀演员的核心技术，他们职业生涯的整个过程都是在加工和打磨故事，谁更善于加工，谁的创作水平就更高。

脱口秀在英文里叫作stand-up comedy，脱口秀演员的英文是comedian，而comedian还有个别称story teller，即“讲故事的人”。由此可见，讲脱口秀、讲笑话也是讲故事的一种。说到讲故事，可能很多人会说，哎，我可会讲故事了，从小我就在班会上给大家讲故事，我为请假而编的故事从来都没有被老师怀疑过，我最爱看的书就是《故事会》，可是这也不见得我现在就会讲脱口秀啊。没错，虽然你会讲故事，虽然脱口秀表演也是讲故事，但如果不会像脱口秀演员那样讲故事，那你就不会讲脱口秀。

像脱口秀演员那样讲故事和像你那样讲故事有什么区别？不卖关子，直接给你答案：所有的脱口秀段子里都包含两个故事，即包含两条故事线。很多人第一次接触这个概念时都有点儿懵，需要花时间去消化：究竟怎样才算两个故事？

我们先来说说普通人是怎么讲故事的。我们如果要和别人讲一个故事，最重要的是把故事的时间、地点、人物、过程说清楚，其中过程又包含了起因、经过、结果。只要把这些都一一讲清楚了，那基本可以肯定，你讲了一个不错的故事。这几乎人人都能够做到，那以这样的方式讲故事有无可能拿到舞台上去表演，去卖票，甚至是以此谋生呢？当然可以，说书先生就是如此。但说书先生有一个特点，那就是口条特别好，语言功底远胜于常人。而脱口秀演员通常是半路出家，语言功底并不强，他们靠什么本领讲好故事呢？

他们靠的是不好好讲故事！脱口秀演员讲故事的过程中，多了一层任务，就是必须先故意引导听众进入另外一个故事。我举个例子，这是根据真实故事改编的。

我完全不知道现在的年轻人脑子里在想些什么。我有一个年轻的助理，我让他打印一页纸，里面有五六个错别字，我拿着这张纸跟他说："一页纸里面有五六个错别字，我一眼就看出来了，这说明什么？"他看着我说："这说明你比我更适合当助理？"

这就是脱口秀段子，其中包含了两个故事。

第一个故事：一个年轻助理做错了事，被老板发现了，老板去教训他，助理为自己辩解了一下。现实中这个故事的真实版本是这样的：我发现助理的错别字很多，我和他说："一页纸里面五六个错别字，我一眼就看出来了，怎么搞的？"助理回答说："不好意思，我刚才太心急了，没检查清楚。"当时他还补充了一些理由，什么手上的活儿很多啊，打字时被打扰了啊，诸如此类。总之，助理的这些回答都很常见，这种故事我们几乎都听过。听众听完铺垫，脑海里就会自然形成一种假设，预感到这是一个很常见的办公室小故事。

但是，在加工后的版本里，助理回答的是“这说明你比我更适合当助理”，笑点出来了，第二个故事也出来了。是什么故事呢？就是“一个细心的老板招了一个粗心但伶牙俐齿的助理”。

可能你会说，这很简单啊，算什么第二个故事呢？你要知道，这世界上有粗心的、细心的、黑心的老板，也有各种各样的助理，如果助理这句话不这样讲，你就不会知道这背后是“一个细心的老板招了一个粗心但伶牙俐齿的助理”的故事。这么改编一下，这个故事就变成了具备笑话结构的故事型段子，观众听完助理的回答之后就会笑出来。

当掌握了这个脱口秀演员讲故事的秘密，你就差不多可以把所有故事都变成脱口秀段子了。然而，不好好讲故事，在一个故事里暗藏一个故事，这样讲出来就是段子了吗？当脱口秀演员这么简单吗？当然没那么简单。如果这么简单，那岂不是故事越多的人越容易当脱口秀演员？那上了年纪的老人家应该都是脱口秀演员了！

明白讲脱口秀就是讲具备笑话结构的故事，这只是明白了最基本的原理。你学会了看五线谱，就可以成为作曲家吗？这是不可能的。但是学会了看五线谱，至少能看出摆在你面前的是乐谱还是拼音抄写本。明白了脱口秀演员讲故事的方法，你至少能够听出这个人是在讲脱口秀，还是在讲故事。

把一个普通故事加工成脱口秀段子是脱口秀演员的核心技术，他们职业生涯的整个过程都是在加工和打磨故事，谁更善于加工，谁的创作水平就更高。下面我提供一个真实的故事，读者可以试试加工一下，看看如何把这个故事打磨成段子。

我的大学室友谈恋爱了，他想送一部最新的手机给女朋友作为生日礼物，但手机太贵了，他想跟我们借钱。我告诉他，其实买手机可以分期付款，很多银行甚至不收手续费。他最后用分期付款的方式买了一部手机送给女朋友。

这个故事发生在我大四那年，15 年后，我需要创作一条和情人节有关的段子，刚好和这位同学叙旧，才知道他们当年刚毕业就分手了。本来很平常的一个故事，但因为当年他分期付款买手机的壮举让我印象太深刻了，我很自然地想到，他们分手的时候，有没有像偶像剧男女一样各自归还礼物呢？如果前女友没有归还这部手机，接下来谁继续还款呢？然后，我就把故事改编成了这样的段子：

很多人觉得分手很痛苦，跟天塌下来一样，分手真的有那么痛苦吗？有！我见过最痛苦的分手，是像我外甥这样子的：分手都三年了，他给前女友买的 iPhone，月供还没供完。

段子里的第一个故事：他谈恋爱时，给女朋友买了一部 iPhone，现在“分手都三年了”，他还想念着女朋友 / 他还记得 iPhone 的样子 / 他还记得当时一起拍的照片 / 他还在后悔分手……（这些都是观众在脑海里自然形成的故事走向，是根据惯性思维而形成的假设。）

第二个故事：他谈恋爱时，用长达三年分期付款的方式给女朋友买了一部 iPhone，到现在还没把贷款还完，非常痛苦。

下面讲讲打磨的过程。

为什么把“大学室友”改成“外甥”？因为讲这条段子时，我已经快 40 岁了，并没有多少关于大学生活的段子，但我有很多关于熊孩子的段子，改成外甥更符合我的人设，也方便我展开说其他熊孩子的段子。

为什么要说三年，而不是两年？大家知道，现实中手机最长的分期付款只能分 24 个月，只有汽车和房子等大额贷款才能分期三年以上。但是，说成三年会有夸张的效果，也更符合外甥这种学生党的人设。（我在其他段子里有透露过外甥的年龄。）

为什么说“月供”，而不说“分期付款”？为了语言更简洁，说起来节奏更明快。

另外，这个真实故事里有很多额外信息，段子里根本不需要提及，否则会影响效果。将多余的信息去掉，也是打磨的工作之一。

这些改动都是一次又一次在舞台上打磨出来的，几乎每一个字都尝试过不同的方案。对我来说，这一版就是效果最好的版本了。

说完脱口秀演员讲故事的秘密，最后解答一下一个经常有人提的问题：脱口秀虽然现在这么火，但会不会有一天做不下去，甚至这个行业都消失？

有这种担心的人，显然对现实有一定了解。确实，脱口秀很多时候一不小心就会踩到“红线”，而且脱口秀演员一般都极具个性，不好管理，说不定哪天真的有演员说了一些超出底线的话，导致整个行业受到冲击。这种担心可以理解，但在我看来大可不必。前面说过，讲脱口秀其实就是讲故事，而讲故事是自远古时期产生语言以来就一直存在的行为，虽然不是吃喝拉撒睡那样的刚需，但只要有语言存在的地方，就会有人讲故事。在一个故事里面包含着另一个让人意想不到的故事，讲出来就会让人发笑，这种讲故事的方式肯定远古就有人懂了，但人类社会却直到100多年前，才终于把它变成了脱口秀这种特定的表演形式——说到底，这还是一种讲故事的方式，它是永远也不会消失的。也许脱口秀、单口喜剧、stand-up comedy这些名词会消失，某些故事、某些人物也会消失，但作为一种讲故事的方式，脱口秀一定不会消失。

第 9 章

如何创作和打磨段子

灵感段子是老天的恩赐。

好了，到现在为止，你应该已经是一个上过很多次开放麦的演员，也已经了解了笑话的结构，了解了讲段子就是不好好讲故事这些基本原理。我们来谈一点儿实际的东西：日常究竟该如何创作段子？段子创作出来了以后该如何打磨与拓展？

创作段子的第一步是收集素材。收集素材都有些什么工具呢？

通常有三种工具，第一种是非常传统的随身携带的本子和笔。非常的老派吧？不要笑，今天还是有很多人随身携带本子和笔的，他们一碰到觉得需要记录的事情，就马上掏出来做记录，这种方法非常管用；但也有一个致命缺点，就是本子容易丢失，一旦不小心弄丢了，那可真是痛心疾首、捶胸顿足都无法挽回。

第二种工具是手机里专门用于记录素材的 App，例如手机自带的备忘录或者记事本，以及一些在线记录软件，如石墨文档、印象笔记，甚至是微博。我自己非常喜欢石墨文档，这是一个非常好用的免费记录工具，我从 2016 年开始几乎每天都在用，包括本书的初稿，也是在石墨文档一字一句写出来的。另外，可能很多人没想到微博也是一个记录素材的工具，它除了有同样的记录功能，且不会丢失信息之外，还有两个潜在的功能：一是它可能会让你拥有粉丝；二是因为微博是个公开平台，它能证明你是原创者，这是其他记录工具所不具备的功能。

第三种记录工具是手机自带的录音软件。很多人打字不快或者不喜欢打字，但他们说话很流利，只要想到什么需要记录的，打开录音软件，哗啦哗啦一通说下来，那真是又快又好。

使用录音工具需要注意两点：第一点是录音完毕后记得要及时起一个容易唤起记忆的名字。因为记录越多，查找难度也会越大；第二，要及时备份，以防丢失。

除了以上三种工具以外，我不建议你用任何别的工具来记录素材，特别是不要用一些声称专门用于给喜剧演员或者给作家开发的写作软件，那些软件不管多么好，都有一个非常大的弊端，就是使用者太少，有可能不知道哪一天它们突然就停止更新或下架了。上面介绍的软件至少都存活了五六年，用户非常多。记住，一定要用简单好用而且可靠的软件来记录你宝贵的素材。

有了趁手的工具，我们再来说说哪些素材值得收集，而哪些不值得。

先说不值得收集的素材。

第一，那些本身就特别好笑或者特别奇葩的事情，请不要费心思去收集。这些事情直接讲出来就已经很好笑了，它们不应该成为你的脱口秀段子。比如，“逃犯去公安局查询自己是不是逃犯，被当场抓获”，这个新闻听起来就已经很好笑了，有很多演员改编过，但他们讲了一段时间后都放弃了，无一例外。

为什么呢？因为观众不会把好笑的原因归结于你的创作和演绎，只会记得事情本身，而不会记住你的表现。当这些事情广为人知以后，你再讲就会变得毫无新意，大家只会觉得你在偷懒，甚至觉得你已江郎才尽。

第二种不值得收集的素材是网络段子。这个就不用展开说了，网络段子也有一个别名，就叫“那不是你的段子”，任何一个有追求的脱口秀演员都不应该去收集这些段子。

第三种不值得收集的素材是别人的原创笑话。有时你和朋友聊天，他无意中说了一段非常好笑的话，如果对方不是脱口秀演员，你可能会和他说“这条段子我要了”。甚或对方是和你一样的脱口秀演员，但是因为其身份显然永远不适合讲这条段子，你也可能会请求：不如我来讲吧？比如，和一个外国演员聊天时，我抛出了一个谐音梗：

我：你知道中国人为什么把你们叫“老外”吗？因为你们就是老 why 啊。

外国演员：Why?

我：看！又 why 了！

这位外国演员也用中文表演脱口秀，他听完后笑得很开心，我说你拿去讲吧，他说好。但据我所知，他从未公开讲过。我想说，就算对方很乐意把段子给你，你也尽量不要用。原因在于：第一，那可能不是真正的原创段子，一旦你拿到舞台上讲，被说成抄袭或撞梗，就很尴尬了；第二，就算你很肯定那是原创段子，但拿别人的原创，属于偷懒行为，这是有艺术自觉性的演员都不齿的。

值得收集的素材有哪些呢？

第一种，灵感突现时脑海里冒出来的段子。灵感段子是老天的恩赐，一定要及时记下来，然后好好打磨。记住，一定要及时记录下来，不管是洗澡洗到一半，还是半夜突然惊醒，也要拿出工具记录下来。灵感为什么突然而来我不知道，但是你不及时记下来，它们肯定会倏忽即逝，这是个人的惨痛经历。我曾经有一条非常好的段子，就是因为没有及时记录，后面再也想不起来了。这条段子是这样的……看，想不起来了吧！

第二种，和你自身密切相关的趣事。记住，这些趣事的共同特点，是你自己在其中有一些倒霉的负面遭遇。比如：你被老板骂了，你和美女搭讪被拒绝了，你被爸妈数落了……这些生活中的事情，都有段子所必备的“痛苦”，只要你觉得有可能用于表演，都要及时记录。

第三种，和你关系密切的人的趣事。这些虽然不是你的亲身经历，但因为事中的人和你有关，你很容易就可将其融入自己的故事和段子里。我有大概 10 分钟效果不错的相亲段子，都是受朋友相亲故事的启发而来的。虽然我这辈子没有一次相亲经历，但一点儿都不妨碍我在台上绘声绘色地表演“我”在相亲市场上的悲惨遭遇。

第四种，你想到、听到或看到的极有趣的观点和道理。这和写别人故事的段子不一样。别人的观点和道理，你是可以拿来用的，因为它们不是故事，更加不是段子。这些观点和道理可以变成你段子的前提，在同一个前提下，你可以创作无数段子。

比如，“所有的熊孩子都是熊家长培养出来的”这个观点，虽然我肯定这是自己想出来的观点，但我也相信它之前就已经存在了。不过，这不重要，因为在这个观点的前提下，我创作了很多和自己育儿故事密切相关的段子，这就够了。

因此，收集观点和道理就是收集段子的前提，越是那些深深触动你的前提，就越有可能促使你创作出好笑的段子。当然了，再次说一下，这些前提最好是你自己想出来的，用别人的前提始终不是好习惯，也尽量不要养成这样的习惯。

素材收集好了，怎么将其化为己用，变成自己的段子呢？

第一步，把素材故事变成有笑话结构的故事。怎样才算是有笑话结构的故事呢？答案就在前两章，相信你现在肯定已经想起来了，对不对？如果没想起来，赶紧去复习一下吧。

第二步，对比新写的段子和已有的段子。如果二者有一定的逻辑联系，那最好，可以无缝衔接；如果没有联系，也无碍，不同段子只要类型相同，都可以放在一起讲。

比如，某年七夕之前，我写了一条段子，讲的是每个节日都有对应的食物：

大家过节就是为了找个借口吃东西，春节吃大鱼大肉，清明吃青团，端午吃粽子，七夕就吃狗粮。

我没有创作其他与节日有关的段子，但有一大段吐槽过年奇葩风俗的内容。因此，只要加一句过渡的话：“我们的过节风俗真的很有趣”，就可以把这条新段子融进去了。

第三步，把这些段子拿到开放麦上去试验。如果是散段子，不要考虑太多啰唆的铺垫或说明，直接讲，观众笑了就说明有效果；把那些能够嵌进老段子里的新段子，连着老段子一起，按照你编排好的段落，有逻辑联系地讲出来。

一条新段子需要在开放麦里练习多少次呢？

这个次数没有一定之规，有时候一次就行。如果你第一次讲，就发现这条新段子效果非常好，而且文本也很成熟，没什么多余的信息和赘词，也能很好地和老段子结合，差不多就可以直接拿到正式的商演里用了。但是，这种情况很少见，通常你都需要拿这条段子去面对好几拨完全不同的观众。按照我的标准，至少要有三次完全成功的笑声，才可以考虑把它用到商演上。

以我前面讲过的“岳父介绍我看老中医”的段子为例，这条段子我最早是在 2014 年初创作的，我一直讲到 2015 年，至少讲了 20 次，才把它打磨成最后的模样。下面是它最初的版本，这世界上除了我，没有人能把它认出来：

我结婚已经七年了，朋友问我：都说婚姻有七年之痒，怎么不见你痒啊？

我说：你知道我车上为什么一直摆一个灰太狼的公仔吗？我的心情就跟灰太狼看见喜羊羊的心情一样。

朋友问：那是什么心情？

我说：恨不得羊（痒）死了。

从这个让人无语的谐音梗开始，我联想到自己结婚七年都没生孩子所承受的压力，对其进行一次又一次的加工，最后才变成了岳父给“我”介绍老中医的段子。

对于那些不管讲了多少次，效果都不尽如人意，时灵时不灵，甚至一直不灵的段子，该怎么处理呢？如果讲了三五次都是这种情况，你就直接把它们打入冷宫吧。但千万不要扔掉，过了一段时间之后，你可以回来翻翻，说不定到那时你会想到一个全新的演绎方法，这些素材就又可以用了。

举个例子。我有几条关于“分手费”的段子，从立意到段子结构都有很多需要打磨的地方，甚至在讲的时候常常会冒犯一些观众。这条段子我讲了很多次，时灵时不灵，所以这几年基本不讲了。但我还是时不时会翻看一下，看有无可能突然在某一天把它改好。如果你们觉得还算有点儿意思的话，或许也可以动手试试——

我看新闻，时不时会看到一个我很不理解的词——分手费。而且在这些事件里，无一例外都是男人给分手费。不是说男女平等吗？你们觉得分手时，男生应该要给女生分手费吗？

有人说，因为那些案例啊，都是鲜花插在牛粪上，所以最后牛粪要给分手费。鲜花插在牛粪上确实不好看，但牛粪是有机肥啊，它一直在给你养分啊，最后怎么还要给分手费呢？这个比喻不好。

又有人说，当然要给啦，那是女孩的青春啊，好白菜都被猪拱了，让这头猪赔一点儿很公平吧！好，又一个比喻。白菜和猪，要谈公平是吧？白菜的青春是青春，那猪的青春不是青春啊？猪肉的价格可贵啦！

猪的青春期正是要吃肉的时候，你就给人家吃一棵白菜，连多肉植物都不算，最后还问人家要分手费？我觉得猪肉的价格就是这么“拱”起来的！

我觉得我那个年代男女比现在平等多了，当时我也是牛粪，鲜花也没问我要分手费。前几天我还遇到了这朵前鲜花，气色还不错，看来不缺有机肥。我想起分手费这个问题，就问她：“哎，怎么我们当年分手没有提分手费呢？”她说：“有啊，我不是给你了吗？”

“你，你什么时候给我分手费了？”

“那时候不是给你送了一块手表吗？本来想给你送

钟的呢，可惜了！”

原来我才是鲜花啊！

第 10 章

如何写出像职业脱口秀演员一样好的段子

即便是同一个题材，只要善于创作，也能写出完全不同的段子。

随着脱口秀越来越火，很多搞笑类型的自媒体博主也开始在短视频上做脱口秀，或者说自称做脱口秀。如果你看过真正的脱口秀表演，几乎可以一眼辨出谁是拿着麦克风假装在舞台上讲。假装讲的人底下并没有观众，所有的笑声都是罐头笑声，配得再逼真也是后期做出来的。

虽然我们可以从舞台、笑声形式初步判断真假，但最终的判断还是应该看段子本身，本章就来说说职业脱口秀演员的段子都有些什么特点。了解了以后，除了能知道如何欣赏真正的脱口秀段子以外，还能同时照着这套方法修改段子，让自己的段子逐渐接近职业脱口秀演员的水平。

脱口秀演员祥子讲过一条段子，这条段子的题材来自一个民间传说，其大意是“外甥正月剃头会死舅舅”。而将类似题材搬到正式脱口秀场合讲的，除了祥子，至少还有王自健、周奇墨、刘旸教主这三位。因此可以看出，即便是同一个题材，只要善于创作，也能写出完全不同的段子。下面我们以此详细分析一下。

这四个人的段子都是原创的内容，虽角度各不相同，但都很精彩，而且都有一个共同特点，即用职业脱口秀演员最常见的方式来演绎。

我先简单复述一下他们的故事——是故事，不是段子。（没有经过加工的故事通常没有笑点，而段子则是脱口秀演员通过自己的智慧给故事加上了笑话结构。）他们的故事如下。

王自健的故事：正月里他给外甥发了一个20块的小红包，外甥当面拆开了，并说要拿这20块钱去理发。（表演于2014年东方卫视《今晚80后脱口秀》节目，投稿作者是笔者本人。）

周奇墨的故事：自己小时候，有次正月里剃了头后，无意中知道“会死舅舅”的传说，心里非常忐忑，天天担心舅舅会死，虚惊一场。（表演于2017年《哎呀，算了》个人专场。）

刘旸教主的故事：外甥为了试验民间传说的真假，剃了一半头去看舅舅的身体反应，并由此延展到神话故事里的外甥沉香，为救母而与舅舅二郎神斗争，最后通过剃头打败了二郎神的故事。（表演于2017年《背水一赞》个人专场。）

祥子的故事：自己有三个舅舅，其中二舅惹自己生气了，于是想到剃头的方法，既可以害死二舅，又不伤及善良的大舅和三舅。（表演于2021年东方卫视《集合开心果》。）

而要将故事变为段子，职业脱口秀演员最常用的方法是什么呢?

题材 + 态度 + 前提 + 故事 + 延展

下面详细分析一下这套方法。

1. 题材。题材不分类别、大小，任何题材都有可能出段子。

任何段子都属于某一类别的题材，上述四个故事都来源于民间传说题材“外甥正月剃头会死舅舅”的民间传说。

2. 态度。即作者对这个题材的负面态度或负面情绪（必须是负面的）。要搞清楚这个题材对于自己来说，负面之处在于哪里。找准自己的态度非常重要。常见的负面态度或情绪有讨厌、厌烦、苦恼、畏惧、困惑、费解、疲于应付、抱怨、憎恨……

上述四个故事里，王自健的态度是尴尬，周奇墨的态度是忐忑、担忧，刘旸教主外甥的态度是怀疑，祥子的态度是报复。

3. 前提。前提是指创作段子的核心概念，也是作者根据自己对题材的态度，自独特观察角度总结的想法，类似于文章的中心思想。

基于“外甥正月剃头会死舅舅”的题材，以上四人创作的段子的前提分别如下：

王自健：外甥可以主动利用这一传说，让舅舅陷入尴尬之中。

周奇墨：小孩子不知这一传说的真假，会因此陷入担忧之中。

刘旸教主：如果这一传说为真，那剃头就可以成为外甥对抗舅舅的武器。

祥子：小孩子深信这一传说，就可以利用剃头来故意报复舅舅。

4. 故事。用于印证前提的段子式故事，即具备“铺垫 + 笑点”的笑话结构，包含两条故事线，并且必须原创!

必须排他！必须具有唯一性！这是不可以撞梗的部分。

同一个题材下，若态度和前提不一样，创作出来的故事的差别就很大。因此，同一题材可创作出无数故事。这四位演员创作的故事就完全不一样，但均具备“铺垫 + 笑点”的笑话结构，并包含两条故事线。

关于段子的前提，有三点需要强调。

第一，我们虽然要尽量赋予前提独特性，但并不强制规定它必须是原创的，前提可以和别人的一模一样。因为在同样的前提下，可以创作出不尽相同的段子，但撞梗的可能性也很大。与文章类比，一个中心思想可用于无数文章，而文章篇幅往往很长，因此整篇文章都和别人雷同的可能性很小。但是段子往往很短，如果题材、态度和前提都一致，选用的故事也相似，那么撞梗的可能性就很大。

举个例子，如果两条段子的题材都是“坐地铁”，态度都是“地铁拥挤让人很不舒服”，前提都是“在拥挤的地铁上看手机很容易遭遇尴尬”，那么可以想象，这两条段子里的故事都会包含地铁车厢、手机、看手机的人、周围的乘客等元素，雷同的可能性就很大。

第二，任何段子都有前提。很多老演员对此都不甚了了，他们逐字逐句地检查自己的段子，但看不到任何关于“前提”的字眼，遂得出结论：“我的段子没有前提！”实际上，找出段子前提，往往需要提炼和总结。前提不一定需要在表演中说出来，但如果可以搞清楚段子的前提，对于打磨段子，特别是把不同的段子归类编排到同一前提之下，是非常有用处的。

举个例子，有位演员有一条表演了很多年的段子，讲的是一个怪人在街头给人表演魔术，表演完了以后再向观众推销产品。虽然这位演员从未总结过这条段子的前提，但表演效果一直很好。在一次研讨会上，这位演员试着把这条段子的前提总结为“热闹的街头总有一些很怪的人”。但实际上，真正的前提是“为了把商品推销出去，推销员无所不用其极”。这个演员弄明白了前提后，他尝试在表演中把前提先说出来，再进行和之前一模一样的表演，效果却不如以前！由此可见，对于演员和观众来说，搞清楚段子的前提或把前提表达出来，并不是表演成功的必要条件，重要的还是演员的演绎。

第三，前提不是铺垫。前提的作用是让观众产生共鸣。一个好的前提，如果在讲段子之前明确说出来，会让观众产生强烈共鸣，期待表演者赶紧把段子讲出来。比如，“我每次吵完架都觉得自己没有发挥好，和谁吵都一样”这个前提，能获得很多人的共鸣，观众听到这样的前提，就忍不住想听演员讲他吵架如何没发挥好的故事。讲完这个前提后，演员接下来开始讲的才是段子。我用一个例子来说明前提、铺垫和笑点在段子里是如何体现的。

（前提）我每次吵完架都觉得自己没有发挥好，跟谁吵都这样。（铺垫）有一次我给女儿辅导作业时吵了起来，我吼她：“你怎么这么蠢！”（笑点）她也吼回来：“谁叫我基因不好呢！”我兴奋地说：“哈，原来你也知道啊……嗯？”（陷入了沉思）

5. 延展。一个好的前提，如果最后只引出了一条段子，不免可惜。职业脱口秀演员善于在一个好的前提下延展出更多段子，从而把演出带入一个小高潮。

比如前面讲到的四条段子可以归入同一前提——“外甥正月剃头会死舅舅这个传说，会误导很多人”，然后在此前提下，将四条段子融合为一大段，如下：

（周奇墨）自己小时候一次在正月剃头后，无意中知道了这个传说，心里非常忐忑，天天担心舅舅会死，但后来证明是虚惊一场。讲完这条段子后，可以延展开去，对这个传说进行吐槽——（刘旸教主）如果传说为真，那外甥就可以试试正月剃头来观察舅舅的反应。（祥子）如果自己有好几个舅舅，但有个舅舅非常坏，外甥该怎样剃头，才能害死非常坏的舅舅，同时不伤害好舅舅？（刘旸教主）甚至当外甥沉香面对世界上最坏的舅舅二郎神时，该用怎样的剃头方式来打败他？最后再延展——（王自健）自己长大后不再相信这个传说了，但没想到传说还在代代相传，因为过年发的红包太小，小外甥居然用剃头这个传说来捉弄自己。

很多经典脱口秀段落，都遵循“题材 + 态度 + 前提 + 故事 + 延展”这样的呈现方法，明白了这点，你就可以按照这种结构，重新分析和打磨自己的段子，甚至去分析每一条你觉得好笑，但是搞不太清楚为什么好笑的段子。

现在就找出一条你自己的段子，按照下面的方法来分析：

1. 题材。这条段子的题材是什么。爱情？工作？友谊？交通工具？宠物？当然，题材越具体越好。比如爱情，尽量不要讲空泛的爱情道理，而要讲爱情中具体的磕磕碰碰——“我鞋子没有左右摆放好，老婆就觉得我不爱她了”。

2. 态度。你对这个题材的负面情绪或态度是什么。烦恼？痛苦？尴尬？惊异？觉得愚蠢？有人总结为“难怪怕蠢”〔“难”（困难）、“怪”（奇怪）、“怕”（害怕）、“蠢”（觉得愚蠢）〕不管是什么，如果你在段子里呈现的情绪不是负面的，而是喜悦、美好、平和这些正面的情绪，那都说明这条段子有问题。

3. 前提。你在这个题材以及负面情绪上能提炼出什么观点。你提炼出的观点就是段子的前提，相当于段子的“中心思想”。将前提提炼出来后，再判断一下这个前提有没有必要在段子里明确地说出来，以获得观众的共鸣。

4. 故事。仔细分析自己的故事，是不是已经把铺垫和笑点写好了？在铺垫阶段能不能成功误导观众去设想另一个故事？笑点是否足够简洁有力？

5. 延展。是否还可以多创作一条或多条不同角度的段子，进一步印证你的前提？

虽然职业脱口秀演员的段子大部分都具备“题材 + 态度 + 前提 + 故事 + 延展”这样的结构，但也有些类型的段子不一样，比如一句话笑话式段子以及谐音梗。这两种类型的段子追求的是最大程度的意外和反转，让人一看或一听就懂，并且传播速度很快。如果你有志于此，就应该尽力去创作这样的段子。但如果你追求舞台上的成功，以及不希望自己的段子轻易被人抄袭或撞梗，那具备“题材 + 态度 + 前提 + 故事 + 延展”这种呈现方式的段子，才是你最应该花精力去创作的。毕竟，那些经历了时间考验的脱口秀大师，他们最经典的段子往往都是这样的结构。

第 11 章

如何应对抄袭

你个人的一小步，说不定就变成了推动文化创意产业进步的一大步。

任何内容创作领域的从业者都可能遭遇抄袭，随着进入脱口秀行业的人越来越多，大家也会更常遇到以前很少发生的情况——被同行抄袭。很多人初次碰到时，心里都非常震惊，甚至不知所措，但最后往往也是不了了之。那我们到底该怎么面对抄袭呢？

先来说说抄袭的定义，很多人分不清抄袭与撞梗。

撞梗是创作者们在段子创作过程中不时都会发生的

现象，它指某人写的段子从铺垫到笑点结构都和你的一样，只是时间、人物、地点不同。在这种情况下，能不能判断对方是抄袭呢？严格来说，很难判断，抄袭与撞梗的唯一区别，在于是有意还是无意：抄袭是有意的，撞梗是无意的。但该如何证明一个人思想上的有意或无意呢？就算你有明确证据，证明你是原创者，也很难证明这个人看过你的段子，并因此造出一条结构和它高度相似的段子。

两条脱口秀段子，如果它们的题材、态度、前提是相同的，那一定不能相同的就是具备了“铺垫 + 笑点”笑话结构的故事。如果你的故事足够复杂，表达方式也足够独特，对方只是简单地把人物、时间、地点这些基本要素换了一下，那你就很有可能遭到了抄袭。如果你拿不准，不妨去请教一些业内的前辈或者资深人士，如果大家都认为这是抄袭，你就可以拿着证据，理直气壮地去找抄袭者要说法了。

比如下面这两条从网上找来的段子（作者无法考证），题材完全不一样，你觉得是抄袭还是撞梗？

段子 1

宿舍里六个人聊起了三国，李哥问大家："三国里你最喜欢哪个？"我想了想说："肯定最喜欢诸葛亮，他夜观天象，知天下大事。你们呢？"他们五个一起说："你好奇怪哦，我们都喜欢貂蝉……"

段子 2

会议室里，同事问我："听说现在95%的人上厕所都用手机，你呢？"我回答："我也是啊。"大家都笑了起来，看着我说："你真奇怪啊，我们上厕所用的是纸……"

除了撞梗，我们还经常听到一个说法：融梗（也称为"套梗""洗稿"）。撞梗和融梗在本质上是一样的，结果都是产生了创意相同的段子，只不过撞梗是创作者无意中与他人产生了同样的创意，而融梗则是故意创作与别人相似的内容，其实就是抄袭，只不过比赤裸裸的抄袭多披了一层华丽外衣。

所以，对上面两条段子的“判案”结果如下：如果这两条段子是两位作者独立创作出来的，那就是撞梗；如果其中一条的作者是有意而为，那虽说用“抄袭”来定义有点儿过于严格，但是用“套梗”“融梗”或“缝合”来形容，一点儿也不冤枉。

如何判断抄袭和融梗是一项复杂的工作，每一条段子都必须具体分析，我们这里就不展开讲了。本章要讲的是，当你发现自己确实被抄袭了，该如何应对？

段子被抄袭一般有两种情况：第一种是放到抖音或微博这类公开平台上的段子视频被抄袭；第二种是类似于仅在线下舞台演出、从未在线公开的段子被抄袭。

发生第一种情况时，该怎么处理呢？首先应该找到抄袭证据，并及时保存。因为当你开始维权时，抄袭者最常见的做法就是毁灭证据，删掉涉嫌抄袭的视频。保存证据的方法是：把涉嫌视频截屏、录屏或是下载到本地。

很多人发现自己被抄袭时，在震惊和愤怒之余，会马上去找抄袭者对质。千万不要这么冲动！这样会打草惊蛇，让他们有时间在你保存证据之前将其销毁。当你保存好证据之后，还有一个非常重要的步骤，就是找出自己最早的表演记录，以证明你才是这条段子的原创者。当你有了非常完整的证据，这时可以先私信对方，冷静地向他指出抄袭的事实。不必一开始就将此事公之于众，因为如果抄袭者有基本的道德品质，不是真流氓，他会愿意和你商量补救措施；否则，他可能颜面失尽且变成真流氓。

当你通过私信或朋友去联系抄袭者时，对方通常会有以下几种反应：第一，马上致歉，然后删除抄袭的内容；第二，装傻，没有任何反应；第三，耍流氓，不承认抄袭，甚至倒打一耙说自己才是原创者。

面对第一种反应，是否接受道歉是你自己的选择。如果不接受道歉，你可以提出自己的诉求，比如让对方公开道歉，赔偿相应的经济损失，等等。

面对第二、第三种反应，首先告诉对方你已经掌握了抄袭的“实锤”，如果对方依然不配合，或者经过几次协商问题依然没有解决，你就可以在公众平台上公开抄袭证据了。如果此时对方依然不配合，那可以考虑走法律途径了。

但必须要先认识到为段子维权的难度相当高。一方面，和歌曲这些有非常成熟的版权制度的作品不一样，段子的侵权界定很模糊，认证难度很大。另一方面，很多人甚至因为价值太低（一条段子的市场价才几百元），而维权成本远大于收益而放弃。目前最常见的情形是：当你证据确凿地公布了自己是原创者后，维权之路也走到了尽头。

对于第二种被抄袭的情况，即从未在公开平台上发布的段子被抄袭这种罕见情况（对方可能看过你的现场演出，或者听过别人转述你的段子），你依然要像上面说的那样去取证。在这种情况下，尽管有可能拿到对方抄袭的证据，但是你很难证明自己是原创者，因为你并没有公开发表过，你能拿出来的可能只是一些创作记录，但这样的材料很容易被质疑。另外的证明办法是找同行帮忙，求助于人证，请他们证明你比抄袭者更早创作和表演了。不过，同行作证只能用来对付那些不是真流氓的抄袭者；如果遇到了真流氓，那还真是没什么更好的办法了。

除了上述两类脱口秀表演内容被抄袭，发表在微博、朋友圈、微信公众号等文字媒体上的内容也会被抄袭。这种文字内容的维权步骤相对来说简单一点儿，因为只要你曾经发表过，就会留下痕迹，这些痕迹即证据，能证明你才是原创者。再次强调，创作过程中保留自己的原始创作证据非常重要。

近来，抄袭者除了同行，甚至还有明星、名人，这在网络综艺节目（以下简称“网综”）上时有所见。如果发生类似事情，维权时要做好心理准备，其难度要比找同行维权更难。因为，敢于抄袭的明星、名人往往对此不以为然，他们其实十分清楚这条段子并不是自己原创的，但是他们又都有一个共同点——完全不在乎。所以，当你拿着证据去维权时，得到的回应往往是没有回应。但我们依然要去维权，步骤和上面一样：先通过私信联系对方；若无效果，再把证据以及私信的内容公布出来；若再无效果，可考虑走法律途径。

根据《中华人民共和国著作权法》，作品不论是否发表，创作者都享有著作权。我们发布在网上的文字和音视频，可以当作版权证明。除此之外，我们还可以事先给自己的作品申请正式版权，一旦发生抄袭事件，就可以拿出更有力的证据。我们都可以到中国版权保护中心网站（www.ccopyright.com.cn）上自愿登记自己的作品版权。流程并不复杂，收费也不贵，一百字以下的费用为 100 元，一万字以上也才 300 元，就算是视频作品，费用也在可以接受的范围内。（具体收费标准见该网站。）

虽然通过维权而获得合理补偿的例子少之又少，但我们一定要有维护自己合法权益的决心，不能消极地认为反正都没有结果，收益又不大，就懒得去追究了。积极维权至少能带来以下几个好处：让抄袭者的真面目在一定范围内曝光；鼓舞更多受害者站出来维权；让别人看到你的真实才华。特别是被明星、名人抄袭后，积极维权会让更多人了解到保护知识产权的重要性，你个人的一小步，说不定就变成了推动文化创意产业进步的一大步。

我之所以在这里强调积极维权，是因为现实中确实有不少创作者懒得去揭发抄袭者，他们要么对维权不抱希望，要么嫌麻烦，要么不太在乎自己的作品。如果你懒得维权，我想对你说：也许你愿意姑息抄袭者，但如果有人站出来为你维权，请至少给他们一个肯定，绝对不要向这些维权者泼冷水。只有在一个人人都鄙视抄袭者的环境下，抄袭才不会无边泛滥。

对段子的分析、创作介绍以及有关版权保护方面的内容到本章就结束了。本书的第三部分将主要讲如何从脱口秀业余爱好者变为职业演员，以及当你成为职业演员后，有多少种发展的可能性。我们下一章见。

第三部分

如何从业余表演走向职业脱口秀

PROFESSIONAL

第 12 章

如何从开放麦演员成为商演演员

态度往往比水平更重要。

一名脱口秀演员从第一次尝试开放麦表演到登上商演舞台，其间最短需要多久呢？

在一周才有一次开放麦的时代，我见过最短的是 5 个月。当然现在可能更短了，因为现在几乎每天都有开放麦，甚至一个晚上可以跑好几场，这样段子能得到更多打磨，必然加快了演员登上商演舞台的进度。现在俱乐部对新人演员商演时长的要求，一般是最低必须有 8 分钟高质量的段子，也就是 Tight 8。对现在的演员来说，有了 8 分钟的好段子后，就可以积极寻求商演机会了。

怎样才能获得你的第一次商演机会呢？

首先你要在当地挑一家比较乐意去的俱乐部，然后尽可能参加他们的每一次开放麦。如果你的开放麦经常效果不错，俱乐部负责人自然会留意到你，甚至可能在你还没做好心理准备时就主动邀请你上商演。不过，现在竞争激烈，俱乐部一般不会主动相邀，如果你主动点，将是很大的加分项。你可以主动去找俱乐部负责人，请求机会，比如让你在某一次正式商演中担任开场演员，免费表演 5 分钟热场，或者在演出结束后讲 5 分钟，作为“彩蛋”免费送给观众。

当然，不是每家俱乐部都会接受这种请求，因为对他们来说，严格控制整场的表演时间非常重要。不过，虽说他们不一定许可，但你这种态度会很受认可；如果你的水平确实不错，他们可能会直接让你上去表演 5 分钟，而且付相应的报酬。

但是，这个 5 分钟你很有可能因为经验不足或过于紧张而搞砸，这时候谨记不要气馁，而是继续争取机会，实在不行，那就去下一家俱乐部寻找机会。如果把所有俱乐部给的机会都搞砸了，也不要气馁，那就再回到开放麦，继续打磨。记住，在俱乐部老板眼里，态度往往比水平更重要，所以保持积极而良好的心态，胜不骄败不馁，这才是最重要的。

好，假设你已被当地俱乐部认可并获得演出机会，甚至可以挑选这些机会了，接下来该怎么做呢？

俱乐部一般都会提前一个月左右和演员约演出时间，如果你特别倾向于去某家俱乐部演出，那就尽早和其排演负责人联系，告诉他你的所有空档，请他们安排。如果对方一下子都给你排满，那当然最好，但通常他们都不会给你排太多，甚至不会马上答复你。如果没收到答复，你就如法炮制地去联系下一家，乃至第三家，第四家……第 N 家俱乐部。这里有个小忌讳，不要透露你还联系过其他俱乐部，没人乐意知道自己不是第一选择。

档期都排好之后，你还要主动知会那些未明确答复的俱乐部你的档期已满。这非常重要，也是 90% 的演员都不会去做的。这样做的好处有两个：第一，符合基本社交礼貌，因为你曾经承诺过你有档期，没有了就主动告诉人家；第二，也是更重要的，会让这些没有及时给你安排档期的俱乐部知道你多么抢手，下个月他们排演时，可能就会提早想到你。

作为俱乐部负责人，我可以告诉你一个秘密：俱乐部老板都非常讨厌那种约了好几次都没有档期的演员，因为他们会觉得你不喜欢去他们那里演，以后也就不找你了。如果你对一家俱乐部没什么意见，只要有档期都愿意去演，但有段时间就是不凑巧，他约了你好几次，你刚好都没有档期，那我建议你尽可能调出时间，至少去那里演一两次。因为你还是新演员，并没有抢手到大家求着你去演，尽可能不要得罪任何俱乐部，一个新演员需要好好平衡不同俱乐部的时间安排。

当演出邀约越来越多，排满了你所有的业余时间，你会发现，你在某家俱乐部的演出场次明显多于其他家，这说明你们互相喜欢，这时你就要有所取舍了。不过，如果你不是这家俱乐部的签约演员，建议你每个月留几场演出给你心目中排名第二、第三的俱乐部。不要把鸡蛋都放在一个篮子里，万一这家俱乐部忽然倒闭了，你的演出也不至于一下子大幅减少。

这里就引出一个新的问题，要不要和当地的俱乐部签约？

作为笑果文化的第一批签约演员，以及签过好几个演员的俱乐部负责人，我可以告诉你关于签约的一些经验。你如果打算签约，首先要看经纪合约里有没有让你付高额解约赔偿这一款。高额赔偿必须和高额回报对等，如果对方没有给你类似“肯定能上《脱口秀大会》”这样的承诺，那就不要签；如果对方给了你这种承诺，那就更加不要签，因为连笑果文化都不会给这样的承诺，给这种承诺的俱乐部多半是骗子！

除了要看是否有高额解约赔偿这一条款，还要看会不会严格限制你去其他地方演出。经纪合约说白了是一份商务合同，受《合同法》规管，签约双方平等，付出与相应收益也必须对等。如果对方没有承诺对等的收益，却要你付出不对等的工作努力，那它就是一份不公平的合约，没必要签。

所以，假如你要签一份合约，那合约中一定要有一些条款，能够保障你在合同期内获得足够多的演出机会。怎样才算足够多呢？一个考量角度是，如果签了合约相比不签，在这家俱乐部能得到更多机会，这就是足够多，可以考虑签；反之，如果不签也能有这么多机会，那干嘛要签这样的合同呢？签了合同，多少都有些限制条件，如果没有足够的利益回报，何必把自己限制住呢？当一个自由演员，想去哪儿演就去哪儿，想接什么活儿就接什么，难道不更好吗？当然，假如你是一个很不善于自我运营的人，而与某家俱乐部签了合约后，每个月的演出别人给你安排得妥妥帖帖的，你安心演出就好了，这种情况下还是可以考虑签约的。虽然合约对你会有些限制，但至少你不用每个月都想着怎么去和各家俱乐部搞好关系了。总之，签约时需多方考虑。

不管你是否签约，现在你已经成了一名专业脱口秀演员，获得了很多演出机会。需不需要辞去本职工作，做一个职业脱口秀演员？这个我们放在后面再说，本章讨论的最后一个问题是：当你有了效果很好的15分钟固定内容，但你还在不停地创作新段子，该怎么平衡这些老段子与新创段子之间的关系？

如果你这15分钟内容真的非常“硬”，不管在哪家俱乐部都能获得高于平均水平的效果，那么，你是可以很长时间都靠着这15分钟来获得不错收入的。但是好的演员不会满足于此，总是会想着创作新内容。当在开放麦里有了几分钟新内容，想拿到商业舞台上锻炼时，最好的做法，就是将你那15分钟固定内容抽出一部分换成新段子来试验。不过，千万不要拿新段子当开头和收尾，特别不要拿来收尾，这是经验之谈。新段子的收尾效果优于那些千锤百炼的老段子的情况非常少，不要去碰运气。只有在新段子放在中间的效果超过老段子了，才能考虑将它放开头或结尾。而且，对于俱乐部来说，因为现阶段的观众主要都是新观众，能轮换的新演员也多，而老段子效果更有保障，所以他们对新段子没有那么渴望。千万不要替俱乐部老板着想，认为“我来讲些新段子，让你这家俱乐部的观众获得新享受吧”，这不是需要你考虑的，老板没对你提出要求，就说明他们也没有很期待你这样做。

如果你想在某场商演里讲新段子，请记得提前与俱乐部负责人商量。因为你不知道这场演出对俱乐部有多重要，万一那场演出台下坐着一些投资人、电视制作人或非常重要的客户，你上去哗啦哗啦地讲一大堆效果一般的新段子，然后整个场子都冷掉，俱乐部老板肯定会对你很不爽，说不定你的演出机会就因此而减少了。总之，提前和俱乐部做好沟通非常重要。

第 13 章
如何应对舞台意外事件

天下武功，唯快不破。

在脱口秀演出过程中，我们难免会遇到意外事件，对此要怎样应对呢？最重要的应对之道是提前准备。本章将分析一些常见的意外事件，并教你如何化解。

演员最常遇到的舞台意外之一：忘词。

面对忘词，最糟糕的应对方法是停下表演而去回忆。除非这是你刻意设计的桥段，否则任何情况下都不应该一动不动地站在舞台上默默回想，这种做法会让你之前和观众建立起来的好感度迅速下降。

应对忘词的方法有很多种：

第一，直接告诉观众你忘词了。当你坦白告诉观众，其实这时候你的窘态往往能引来笑声，如果观众喜欢你，他们的笑声甚至还会持续很长时间，而这个时间一般足够让你把那些词回想起来。

曾经有个演员，忘词时对观众说："对不起，我忘词了！你们能不能给我点掌声鼓励，我应该能想起来的！"观众就开始鼓掌，他在那里苦思冥想，并做出马上要想起来的表情，在观众以为他要想起来的时候，他有意将表情转为沮丧，观众都被逗笑了，接着继续鼓掌。就这么持续了一分多钟后，他用手势示意观众停止鼓掌，但故意说"还是没想起来……"，然后，获得了更大的笑声！其实他很快就回想起来了，但他敏锐地察觉到用这种方式能获得更热烈的笑声，所以就即兴用了这么一种互动的方法，成功地把一次忘词变成了高潮。

第二，说一些"水词"来掩饰忘词的尴尬。比如，可以问后面的观众，"麦克风是不是声音不够大？感觉你们好像听不到啊？”或者说一些和你的段子完全无关的个人琐事，比如告诉大家你昨天去干了什么，说说你今天整个人的状态，聊聊此刻的心情，调侃一下现场的灯光和空调，甚至喝水休息一下，等等。在说这些水词的过程中，你很有可能就把忘记的词重新想起来了。

第三，和观众互动。和观众互动的方法很多，通常都是根据观众的现场反应来进行互动。比如有人笑得特别开心，有人交头接耳，有人在看手机，你都可以随机应变地和他们展开对话。关于互动方法，本书谈主持人技巧的第 14 章将详细介绍。

以上这些方法都适用于应对忘词的尴尬情况。若回想起了忘掉的词，你甚至可以再调侃一下，为什么刚才自己的表现会这么奇怪——因为你忘词了。这时候往往也能赢得观众的笑声，让你调整状态重新进入自己的节奏。但你如果用了所有方法都没把词给想起来，这时候应该做的就是直接忘掉那一段内容，开始讲下一段。当你开始往下讲，讲着讲着，你甚至可能会忽然想起刚才忘掉的那段内容！你如果对自己的段子非常熟悉，也许可以找到一个切口，把刚才那一段很自然地接回去。如果接不回去，也可以直接和观众说刚才漏讲了一段，现在补一下。但补讲段子的效果一般比不上原来正常的编排，如果你决定补讲，要做好心理准备。

演员最常遇到的舞台意外之二：观众接话。

对于观众接话这件事，演员们往往又爱又恨，爱是因为有时观众接了一句话，会给你的段子锦上添花，使你获得更多笑声。但很多时候，观众接的话都是不必要的，会干扰演出节奏。面对观众接话，我们有以下几种应对方式。

第一种方法，直接忽略，假装没有听到，保持自己的节奏，继续往下表演。但如果接话明显到让你无法忽视，但又不能给你的段子增添额外笑点，怎么办？这时比较适合第二种方法，即用眼神、点头或简单的语气助词告诉观众你听到了，接着表演。第三种方法，你可以和观众说“好的，我听到了，我等会儿再跟你说”，随后继续自己的表演。

有些演员喜欢直接让观众闭嘴，会开玩笑说“闭嘴！现在是我在表演！”，这种方法其实有可能获得笑声，但也有可能冒犯观众，这取决于你是不是有足够的经验应对。

在脱口秀现场极少会遇到那些通过接话来故意破坏演出的人，观众接话一般都是因为他以为这样能为这场表演加分，甚至觉得是在帮你。但这种好心很容易打乱演员的表演节奏，并不会让演出锦上添花。因为脱口秀表演有固定的节奏，什么时候略为停顿，什么时候情绪激昂，什么时候故作深沉，都排练过无数次，如果观众随便接话，演员又不得不作出回应，节奏一定会受到影响。

如果演员不希望观众接话，用以上三种方法，基本上能够让观众明白不应该接话，从而停止这种行为。如果某个观众多次无效接话，不管演员有没有妥善应对，表演完了一定要和主持人沟通，接下来主持人上去串场时，应该再次提醒这位观众不要接话，以便后面的演出顺利进行。（通常主持人在演出开始前，都会介绍不要随意接话的观演规则。）

关于接话，还有种相当糟糕的情况，即某位观众猜到了你的笑点，但他在你说出来之前，就开口把笑点抛出来，让你和周围观众都听到了，这种情况我们称之为“破梗”或“刨梗”。刨梗是一件很可怕的事，要杜绝被刨梗，根本的方法就是把你的段子打磨得更精妙，让观众无论如何都猜不到。我在下面介绍几种现场应对刨梗的方法——都是治标不治本的方法。

第一种方法，快速抛梗。如果你知道自己某条段子容易被人猜到笑点，那就加快抛出笑点的速度，尽快把笑点讲完。所谓“天下武功，唯快不破”就是这个道理。但讲段子总有一定节奏，不管你多快，观众都有可能更快。

第二种方法，继续演绎。如果你被刨梗了，而且其他观众听到以后，都已经开始笑起来了，你能做的就不多了。常见的应对是对那位观众大声说“对”，然后把这个梗用自己的方式再讲一次。这种做法肯定会削弱这条段子原来的效果，甚至让那位刨梗的观众在心理上压倒你——“看，我猜对了。”但是，麦克风在你手上，你的声音会有放大效应，再配合你的表演，效果应该要远好于那位观众“刨出”的一句。你一定要相信自己努力打磨出来的段子效果；当然，如果你本来也没有多努力，那就没办法了。

第三种方法，勇敢承认。向观众认输，承认自己被刨梗了，其实也不失为一种化解尴尬的好办法，常见的说辞有“啊，被你刨梗了”“你说得很对！下次别说了”“你再说，我今晚就没有演出费了”……如果采取这种方法，一定要摆出低姿态。千万不要输了还不服气，还要去讽刺或挑衅观众，这会进一步破坏大家对你的印象。你若真诚地认输，一般都能获得其他观众的理解，甚至能让这个刨梗的观众觉得自己失当，进而有利于你完成后面的演出。

有时我们还会遇到一种特殊的观众，他们虽然不会大声地刨梗，但他们以猜中你的笑点为乐。他们会在你说铺垫时聚精会神地听，然后在你抛出笑点之前用唇语一样的声音说出他们猜测的答案——一旦猜对了，他们会露出满足的笑容；如果没猜对，他们会对你报以赞许外加些许遗憾的表情，然后继续进行下一轮的猜测……遇到这样的观众，千万不要和他对抗！千万不要抱着一种“我就不信这条段子你也能猜出来”的想法！因为就算你的每一个笑点都没让他猜中，表面上看起来是你赢了，但实际上你在这场演出中已经失去了这位观众，因为他观演时，并没有沉浸在欣赏喜剧的氛围中，而是跳出了观众的视角。

遇到这样的观众，最好的做法就是把他拉回普通观众的角色。你可以直接和他说：“我感觉这位观众能把我的笑点都猜出来哎，但你是买了票来看演出的，你是来享受的好不好？不要猜了，放轻松，让我来服务你好不好？”这样做通常都能让他停止这种游戏，重新进入普通观众观演的状态。

被观众刨了梗，最糟糕的一种应对是发现之后听之任之，这样会被观众看不起，从而影响后面的演出——被刨梗之后一定要有所动作，假装没事发生，就和忘词后站在台上默默回想一样，都不值得提倡。

很多演员在台上喜欢向观众提问互动，有成功获得笑声的，这当然好。但互动失败也很常见，失败情形通常有以下几种情况。

第一种，观众无回应。遇到这种情况，你可以多问一遍。问第二遍时，你就要集中精力去判断这位观众是故意和你作对，还是不想在公众场合发言。如果是故意作对，而你有充分的信心通过与他对抗获得笑声，你就可以尝试对抗，但风险有点高。如果不是经验十分丰富的老演员，建议最好不要这样做，而是尽快换一个观众提问。如果观众只是不想说话，你可以适当调侃，通过麦克风的放大效应，通常都有一定的效果。

第二种，观众的回答没有亮点，而你也没有马上想出好笑的应对方法。这时候可以仅示意一下自己听到了，然后很自然地去找下一位观众问同样的问题。如果你觉得不说点什么实在过意不去，可以说："嗯，我听到了，但是我想不出笑点来回应你。"这种自嘲的方法也能为你获得一些笑声，但最好不要多用，否则就容易让观众以为你是真的没能力即兴想出笑点了。

第三种，观众故意作出荒谬的回答。这也很常见。比如你问他是哪里人，他回答"地球人"。这种人他要么是想为难你，要么是他觉得这样回答是一个笑点，他也想获得笑声。在这种情况下，可以适当和观众说明，你们是观众，不需要动脑筋去想笑点，正常回答问题就好了。说完之后，千万不要再次去问他，因为你能看出他是故意不配合的，即使经过你的简单提示，他很大概率也不会马上乖乖配合，不要冒险，去问下一位观众才是更好的选择。

还有两种棘手的意外状况。

一是观众给你找麻烦，但可能无意闹事。他们要么让你讲快点；要么直接说你不好笑；或者是他感觉被你冒犯到了，对你进行反击；甚至仅仅是他喝多了想闹一闹……这些都非常让演员头疼。有经验的演员也许能随机应变，不管如何应对，一个最重要的原则是：要让其他观众站在你这边。比如，明明效果还不错，但某位观众就是不耐烦，让你讲快一点。这时候你如果不想互动，可以用麦克风和其他观众说："有位观众让我讲快一点儿，可能他有急事，又不想错过我的表演，那我讲快一点儿，1.01 倍速吧。"然后你依然可以按照自己的节奏把表演进行完。

二是观众真的是在和你对抗。这是最坏的情况。他们或者直接指出你的不足，或者让你下去。这些情况很少出现，但如果真的出现了，不管你用什么方法应对，都要谨记一点：就算你的表现很糟，现场绝大部分观众还是希望把表演看完的，不要轻易以为这一两位观众的反应代表了大部分人。遭遇了强对抗，依然是可以把表演完成的，不要轻易提前结束。但事后要好好总结，为什么会激起个别观众这么大的对立情绪？如果确实是自己做得不对，那下次可以换一种方式，就算不换，也可以提前准备好该怎么应对。

在演出过程中，我们还会遭遇到一些硬件设施出现意外的情况，最常见的就是麦克风突然失灵。如果麦克风突然没声音或出现噪声，现场工作人员还来不及帮你更换，这时千万不要自己动手维修——观众不是花钱来看你这种技能的。在这种情况下，你要做的是继续拿着麦克风，接着估计一下有多少观众能听到你的自然声音，然后可以和那些还能听到你自然声音的观众调侃这个意外。但千万不要把麦克风丢在一边或放回麦架上，因为工作人员很有可能正在后台抢修，麦克风随时会恢复正常。如果麦克风正常了却不在你手上，那这个意外其实还在持续。总之，无论如何都要手持麦克风直到表演结束。

等麦克风的功能恢复了，要和那些听不到你自然声音的观众说一下你刚才都说了些什么，然后重新调整节奏，继续表演。如果麦克风故障在表演过程中多次出现，一定要心平气和，可以调侃一下，但千万不能在台上过度抱怨主办方，这会令观众和主办方都不满意。

除了麦克风失灵，现场还可能会有别的硬件设施出现意外，比如灯光熄灭、噪声干扰、幕布掉下、舞台垮塌、背景牌滑落、观众或者自己打翻饮料……预防这些意外的最好方法就是平时多和同行交流，了解别人是怎么处理的，心里做好预案。总之，不管遇到什么样的舞台意外，请记住两点：一是，要尽最大可能把演出完成；二是，不管出现什么意外状况，都要想办法让观众和你站在同一边，他们的配合是你完成演出的最有力保障。

愿你在遇到任何意外时都能化惊吓为笑声。

第 14 章

如何当好脱口秀演出的主持人

互动不是为了搞笑或者出梗，主要是为了让观众放松下来。

2021 年 2 月，我组织过一场脱口秀主持人培训研讨会，本章是根据那次会议的音频整理而成的，主要解答了以下几个问题：脱口秀主持人需要搞笑吗？主办方希望主持人搞笑吗？主持人与观众互动的目的是什么？互动到什么程度才适合？一场脱口秀的主持流程有哪些？

脱口秀主持人培训研讨会大纲

1. 主持人是否要搞笑

1）主持人的作用是搞笑吗？如果不是，为什么有些主持人很搞笑？

2）为什么主持人太搞笑，对主办方来说反而是坏事？

2. 主持人与观众互动的程度

1）互动的目的是为什么？在此我必须强调：不是为了出梗！而是为了让自己和演员了解观众，和观众产生连接。如果想通过向观众提问来出梗，记得要出你自己准备好的梗，而不是期待观众给你一个奇葩答案来出梗。

2）当你不为出梗而问正常的问题时，观众的答案往往会送梗上门。如果你浑身上下透着一种“给我梗！给我奇葩回答”的绝望气息，观众一定能感受到你的绝望。

3）问一些正常人会问的问题，如你以前在哪里看过脱口秀？和你一起来的人是你什么人？方便透露一下你是做什么工作的吗？方便问一下你现在的情感状态吗？你结婚了吗？（问对方问题前先说“方便问一下吗”是基本的社交礼仪。）

4）不应该问的问题：所有你不会跟你朋友问的问题，都是不该问的问题。

3. 主持的标准流程

1）登台前：检查麦克风、灯光、舞台、观众位置。

2）演出前：介绍规则、与观众互动（以了解观众）、讲 5 分钟以内的个人老段子、面对面建群、发红包抽出手气最佳的观众（也可以把建群发红包放到最后再做）、介绍第一名演员上台。（15 分钟）

3）依次介绍每一名演员上台。如果主持人在节目之间需要讲几分钟自己的老段子，仅限于在第三名演员上台前，且每次一定不要超过 5 分钟。第三名演员之后，除了现场即兴抓梗，主持人不要在台上讲自己的老段子！如果到第三名演员讲完，场子还热不起来，那就不是主持人的错了，而是主办方安排演员、顺序，以及售票不佳或现场布置的错。主持人没有责任，不需要救场，请把希望留给后面的演员。

4）演出结束，答谢观众，公布奖品（一般为演出门票），预告后面的演出安排。邀请演员上台合影。

5）演出结束后，给该场观众群发永久群的二维码以及推荐俱乐部公众号。

脱口秀主持人培训研讨会发言整理

〔主持人：洛宾；特邀嘉宾（主讲）：营营；参与者：梁晓智、虎牙、山大、郭伟、河马、黑化肥。以上均为脱口秀演员〕

洛宾：大家好，我是播客专辑《说的全是梗》的主播洛宾。今天这期是针对脱口秀主持技巧的研讨，纯干货。除了有我自己分享的经验，还请来了有很多年脱口秀主持经验的脱口秀演员营营来主讲，一起分享经验的还有梁晓智、虎牙等几位脱口秀演员。

大家觉得脱口秀演出的主持人需要搞笑吗？我的意见是，主持人不需要把搞笑作为主持工作的目标。可能很多人会有不一样的想法：为什么我在网上看到的那些主持人都那么搞笑？比如国内有位演员叫贾耗，他在哔哩哔哩（以下简称“B 站”）上传了很多他主持时和观众互动的视频，非常搞笑。还有 Norah、小 Xin、付航、小哈，他们主持的视频都很好笑，脱口秀的主持人不就是来搞笑的吗？

上面提到的这些人在主持方面搞笑的能力确实非常强，而且他们是把自己最好笑的部分给剪辑出来，放到网上了，这些主持的内容其实已经变成了一个独立的作品。你如果喜欢这样的主持风格，主动向那个方向去努力，也是有可能做到的。

你们都做过主持人，肯定遇到过效果很好的即兴互动，但你们也明白，一个好的即兴互动是可遇不可求的。比如你下午主持时问了一句话，观众回答之后满场都笑“炸”了。而到了晚上的演出，你再重复这个互动笑话，效果能有下午那么好的概率几乎为零。如果刚好下午那场演出你录像了，然后将主持部分剪辑好放到网上，就变成了一个很搞笑的作品，也会有人因此而认为你是一名很善于搞笑的主持人。至于真实情况怎样，你心里知道。

我认为主持人不能以搞笑为目标还有一个很重要的原因，那就是我通过多年观察发现，主办方有一个你们可能不知道的想法：不愿意看到主持人特别搞笑。

作为主办方，我们最怕观众给一场演出打差评；还有一个很怕的评价，就是“这场演出的演员不咋地，但主持人还不错”。这就意味着这场演出主办方找的演员、做的安排都失败了，唯一做对的，就是找了一个不错的主持人。

所以，要是你来做主持人，千万不要想着主办方请你的目的会是让你笑翻全场，艳压其他演员。不是的，从主办方的角度来说，他们希望你稳稳地主持，把这一场演出顺利带好，让每一名演员发挥出最好水平。千万不要使得演出结束后观众留下了这样的评价：“今天晚上只有主持人好笑。”

虎牙：那这是不是要怪演员？

洛宾：不怪演员，如果真的是演员水平不够，那也是主办方自己请来的，只能怪主办方自己没有眼光。但是，我可能也会思考，今天晚上主持人是不是只顾着自己搞笑，而忘了要把整场演出串联好的本分了？

举个例子，这么多年来，有一场演出的主持人让我印象深刻，他就是今天也在座的梁晓智。2015 年，梁晓智在东莞办演出，请我们过去参加，演员还包括程璐和梁海源。他那天晚上除了主持，下了台还要处理公司的一些事情，很忙。他很怕主持不好，就拼命地和观众说，我请过来的这帮演员都是我最好的朋友，我希望你们给他们最热情的反应。因为梁晓智在东莞小有名气，很多观众都认识他，很尊敬他，他这样一说，观众就和他结成了一个共同体，觉得作为主人，要给这些远方来的客人一个很好的印象。他每介绍一名演员，就像是恨不得把真心捧到台上一样，说这名演员真的很有意思，你们真的要认真听，于是观众对每一名演员都给予了热烈反应，整场演出效果非常好。那天晚上演出结束之后，我们几个演员讨论了很久，觉得主持人就应该这样子。即使这么多年过去了，我们对他那天的主持依然记得很清楚。

今天想和大家分享的第二个问题：主持人和观众要互动到什么程度？互动的目的是什么？不是为了出梗！不是为了出梗！不是为了出梗！我特意说三次，就是强调它的重要性。

主持人和观众互动的目的，是让自己以及后面的演员了解本场的观众，和观众连接。和观众互动时我们都会问问题，问什么取决你的兴趣，但一定不要问一些只是为了出梗的问题。比如，有些主持人问某位观众来自哪里，他们其实并不在乎答案，只是为了调侃，因而不管观众回答来自哪里，他们都会用“小地方”“穷地方”“没听说过”这类句子来回答，并且通常都能获得笑声。这种互动有用，但很套路化，不真诚，也很难和观众产生真正的连接。

你问问题是为了出梗的话，那要记住，这些梗必须是准备好的。你问观众的，只是你准备的段子的铺垫。如果你期待观众回一个奇葩的答案，从而引起笑声，这往往会让你失望，因为观众的答案往往很普通；如果你不死心，继续追问，场面很容易就陷入尴尬。反倒是，若抱着了解观众的目的去问一些平常问题，观众往往会送梗上门，因为一些普通的回答，经过麦克风的放大效应，会有意想不到的效果。另外，即使观众的回答没有效果，但因为你本来就不准备在这里出梗，所以也不会出现冷场的尴尬。

我举个例子，有一次我给黄西老师的专场当主持，那是一个千人场。演出前，深圳某报的记者告诉我，他买了 580 元的前排票，我因此准备了一条段子，打算在台上和他互动。演出开始没多久，我就在台上问："今晚现场有媒体朋友吗？"没有人回答。我有点儿意外，但这里并不是我准备的笑点，所以没关系，我接着说："我知道至少有一位记者，他上个月刚写了一篇关于脱口秀的报道，很支持深圳的脱口秀，他今晚还自己买了 580

元的票过来看我们的演出。他来了吗？我们给他鼓鼓掌好吗？”观众开始鼓掌，这时观众席里有一个人在掌声中举手示意，我接下来原本准备的梗是——“他不知道，其实我们演员是有免费朋友票的。如果我把他带进来，还可以去后台跟黄西合影。现在，他只能结束后在门口跟你们一起蹲黄西！”但事出预料，我发现这个举手示意的人并不是那位记者——我后来才知道，他因为当天临时有事，没能赶到现场，而是把票转给了一位朋友。

我犹豫了一下，问那位举手的观众：“你不是某某记者啊？”这位观众大声喊道：“他把票给我了！”现场观众哄堂大笑，笑声远比我原来预期的大得多！我足足等了半分钟，当笑声小一点儿的时候，我已经想好了应对：“所以大家知道为什么现在看报纸的人那么少了吧？”观众的笑声再次响起，“因为记者说的话都不能信啊！”这一下，观众的笑声达到了高潮！

主持人向观众提问，一定要做好准备，可以提的问题通常有三类。

1. 第一类问题：了解观众。

要把观众当作正常人，那些你和正常人聊天时不会说的话，主持时也不应该说。我见过无数让人尴尬到脚趾头猛抠鞋底的问题，例如，“你上过学吗？”“你坐过地铁吗？”，最离谱的一个是“你有父母吗？”。没有哪个正常人会这样聊天！现实中面对陌生人时，你问每一个问题都会三思。观众也是陌生人，你现在虽是站在舞台上，但并不代表你就可以信口开河了。

主持人了解观众的目的有两个：一是让观众尽快集中精神，进入看演出的状态；二是了解清楚观众的构成，有利于自己和演员及时对演出内容做出一些相应的调整。

为了了解观众而常问的问题有：

你是自己来的吗？你跟谁一起来的？你从哪里来的？你们是情侣 / 夫妻 / 朋友吗？你的衣服 / 包包 / 配饰是什么款式”……

这些问题有一个共同特点，那就是基于一些大家在现场共同可见的元素而提问，这些元素你能看得到，其他观众也能看得到。

2. 第二类问题：通过提问引出自己想表达的信息。

除了了解观众，主持人向观众提问还有一个重要作用，那就是引出一些自己想表达的信息，比如问观众“你是第一次看脱口秀吗？你以前看过哪些脱口秀？”。在得到回答后，就可以顺势说一下看脱口秀的注意事项，以及科普一下脱口秀的节目。有几个主持人经常提问的问题，其实也属于这一类，但大家往往会把这些问题误归类到为了解观众而问的第一类问题，这些问题包括：

你是做什么工作的？你有男朋友/女朋友了吗？在一起多久了？你结婚了吗？结婚多久了？有孩子了吗？你们是怎么认识的？你们是谁主动的？你多大年纪？

这一类问题，往往是涉及隐私的，如果观众在这种公开的场合都愿意和你分享，说明他们很有诚意，但他们绝不是想用自己的隐私换来你的嘲笑甚至冒犯。所以，当你打算问这些涉及隐私的问题时，请确保你的目的是引出自己想要表达的信息，或者引出自己的段子，而不是抓住观众的答案进行冒犯。

因为这些问题涉及隐私，观众当众回答了后，经过麦克风的放大效应，其实很容易产生笑点。很多主持人往往容易沉迷在这些轻易能得到的笑声里，不停地想要挖掘更多奇葩的答案，这其实是一种偷懒的行为。就算观众的回答给你带来了笑声，请不要把这当作理所当然，笑完以后，仍然要记得把自己原来想表达的信息表达完。

这里我要特别强调一下，当你们问观众一些涉及隐私的问题时，请一定在问之前加上“方便问一下吗”这句话，因为这句话其实是人和人之间的基本社交礼仪。请牢牢记住：**要把观众当作正常人，那些你和正常人聊天时不会说的话，主持的时候也不应该说。**

3. 第三类问题：通过提问引出自己的段子。

你如果看过国外脱口秀演员的拼盘演出专场，会留意到他们的主持人基本没有和观众互动以及介绍演出规则这些步骤，主持人相当于开场演员，他们一上来，招呼两句就开始讲自己的段子，讲完后就介绍下一个演员出场。这是因为国外的观众对脱口秀很熟悉，互动热场和介绍规则对他们来说没什么必要。虽然我们在国内演出还少不了这些步骤，但主持人在介绍第一个演员出场之前，仍然很有必要讲几分钟自己的段子，因为这是真正把演出带入正轨的必经步骤。

主持人可以通过向观众提问，引入自己准备好的段子，这是一个很简单的动作，只要你把和自己的段子有关的话题抛出来，就能轻松开始自己的段子表演。比如，问观众“现场有情侣吗？”，不管现场有没有，主持人都可以简单地用一句“我有一条关于情侣的段子”作为开头。

我见过不少主持人在开场阶段热衷于全程互动，完全不讲自己的段子，我个人并不欣赏这种做法，一般不邀请这样的主持人来给我的演出担任主持。在我看来，脱口秀演员真正的才华是表演脱口秀，如果一个担任主持的脱口秀演员，他 / 她效果最好的表现是在和观众的互动时，表演段子反而效果没那么好，那说明这个人在脱口秀表演这件事上还有很大的进步空间。

接下来我想讲一下一场正式演出的完整主持流程；或者说，在我组织的演出里，我希望主持人做到的流程。这个流程包括：

1. 演出前，检查硬件设施。主持人必须检查麦克风、灯光、舞台、观众席位有没有问题。这些检查，用时不会太长。检查完了后，如果有问题，就告知工作人员，请他们去解决。**主持人的工作是发现问题，指出问题，**并交由工作人员解决。

麦克风是演出过程中最重要的道具，演出前一定要检查一次。因为你不知道麦克风或调音台之前有谁碰过，就算是在很专业的场地，它们都有可能出问题。等到演出开始了才去碰麦克风，这是非常不专业的。

2. 演出前的 15 分钟是主持人最重要的时段。在这 15 分钟里，主持人要完成三件事。

第一，了解观众，让观众集中精神准备观看演出。可提出前面说的两类问题，这个步骤大概需要七八分钟。

第二，向观众介绍观演规则，如将手机调成静音、可拍照不可录像、不要随意走动、不要轻易接茬等等，这些都是一定要提醒观众的。我个人的主持习惯是在介绍完规则后和观众面对面建群（通常的习惯都是在演出结束才建群），为什么呢？因为我发现，演出开始前面对面建群能够起到活跃气氛的作用，更容易让观众放松下来。在建完群之后，发个红包，抽出手气最佳的观众，先不告诉他们奖品是什么，留到演出结束之后才公布，用这个悬念让观众尽可能地留到散场的那一刻。

第三，主持人适当地讲几分钟老段子。主持人讲几分钟段子，有利于更好地试探这一场观众的特点，也为后面第一名演员的表演起到热场作用。在前 15 分钟一条段子也不讲的主持人，在我这里是不受欢迎的，我会觉得他没有真正把演出当作自己的事情来对待。

在我看来，主持人最重要的不是互动的技巧和表演脱口秀的能力，最重要的是他在一场演出中的主人公心态。当站上了舞台，你就代表着主办方，你是这场演出的主人，台下的观众都是你邀请来的客人。你的任务不是嘲笑客人、冒犯客人，而是要让客人开心。讲段子的演员可以通过精妙的段子来让观众开心，主持人也可以，但主持人还多一层照顾观众情绪的任务。一场脱口秀演出就好像开门营业的饭店，演员是负责做菜的厨师，讲完了，菜就做完了；主持人不同，他不仅仅是那个开门迎客、摆餐具、上菜、询问顾客意见，集服务员与老板于一身的人，甚至连开胃小菜都是他亲自下厨做的。身兼这么多重任于一身，如果没有主人公的心态，怎么能胜任呢？！

3. 演出中，介绍每一名演员上台。主持人需要在演出前和演员沟通好该如何介绍他们，如果演员有要求，要尽量按照他们的想法来介绍。

4. 演出中，在第一名演员表演结束后，主持人要上台串场。主持人应该准备好 5 分钟的救场段子，以防止第一名演员没发挥好，让场子冷了下来。如果第一名演员发挥正常，主持人准备的这套段子可以不讲，简单讲两句后就介绍第二名演员上场。以此类推，直到介绍最后一名演员上场。

要谨记： 在第一名演员表演完之后，除非现场有特别值得互动的事，否则主持人要尽量少互动，千万不要再问观众上面的第一和第二类问题。对观众来说，互动阶段已经过去了，你却还要杀个回马枪，这很奇怪。

5. 演出结束后，做好收尾工作。当所有的演员都讲完之后，主持人再次上台，重新互动。很多主持人这时候都喜欢问观众“你们开心吗”，如果这场演出的效果很好，问这句话没什么大问题；但如果效果并不是那么理想，则只会换来稀稀拉拉的几声“开心”，相当于自讨没趣。所以，主持人应该养成一个习惯，在结束后不要问观众“你们开心吗”，而是问“你们还想听吗”，不管观众满不满意，回答“想”的音量肯定比回答“开心”大很多。而且，可以顺势宣传下一场演出了：“想的话，明天晚上我们还有一场演出……”

收尾工作具体包括：和观众面对面建群（如开场时未建）；抽奖；请演员回来谢幕；和观众合影，合影后请观众把照片发到群里；在现场或群里介绍后面的演出；最后，指挥观众有序退场。

好了，我分享的内容就到这里，现在把麦克风交给营营老师。

营营：和洛宾的观点一样，我觉得对主持人来说，最重要的第一点，是让观众放松下来，而不是搞笑。我一直有这样一个理解：如果这名主持人及格了，演员本来是 8 分的话，这场演出也就是 8 分；如果这名主持人特别厉害，特别幽默，气氛烘托得特别好，演出可能达到 8.5 分；但如果主持人不及格，演出可能一下就掉到 6 分了。我觉得主持人做到及格就好，他的任务就是让观众放松下来。

我很怕那种只顾自己讲段子的主持人。我曾经遇到一名演员，主持时讲了半个小时，把他所有段子全部讲了一遍。特别糟糕的是，他会边讲边互动，因为那个场子也挺大，一百多人，而他只能互动到前排那拨人。因此，前排的人和他互动的参与感还蛮强的，但后排的人就听得很不耐烦，于是那个剧场的氛围就割裂成两块了。这让头两名演员讲得都特别难受。后来有演员私底下说，以后他主持的再也不去了。所以主持人一定不要抢风头，就算真的效果很好，也不能主观上有抢风头的想法。很多俱乐部给主持人的费用会比给演员的费用高 20%，其实是要你牺牲掉自己，要你给这个演出做铺垫。我一直觉得主持做到及格其实挺容易的，及格就好了。

第二个点是，主持人一出场就要把整场的基调定下来。主持人这个角色很重要，演出开始时，观众第一个看到的是主持人，他会把基调定好，比如这个演出是否正式，是什么样的风格。我很讨厌一些演出弄的很不正式，主持人上场前都没有音乐，这样主持人一上场，气就没有了。我们在某家俱乐部演出，演出前都会有一段常年不变的幕后音。虽然一直没变过，但是其实很有效果，会让观众打起精神来，有一种仪式感，让人觉得正式的演出开始了。主持人上台不需要特别精神十足，只要活跃一点儿，这个基调基本就立起来了。

主持人从上台到引出第一名演员，一般 15 分钟就够了。如果是专场演出的话，主持开场的时间应在 15—20 分钟；拼盘演出，则应在 15 分钟以内。主持人主要讲一下演出规则，组织一些互动，目的都是为了让观众放松。我觉得**互动不是为了搞笑或者出梗，主要是为了让观众放松下来**。观众只要放松下来了，你和他们互动，他们会愿意搭话，愿意听你讲。虽然不是大笑，但他们的嘴有咧开，没有苦着脸，我觉得做到这样，主持人就已经及格了，甚至已经很好了。

有一个点，我和洛宾的观念不同，就是他说主持人要讲 5 分钟段子；我觉得主持人不该讲段子。但如果主持人很愿意讲，我的建议是不要超过 5 分钟。

主持人也是演员，肯定有 5 分钟的段子，但有的演员风格很奇怪。主持人讲一段完整的段子，如果效果很好，而节奏和首位演员不一样，那这个演员很难接得住；如果主持人讲的段子冷了，后面的演员也不好接。

洛宾：我插一句，大家可以积累一点儿关于自己演出的糗事，以及演出所遇到的奇葩事这种类型的段子，它们在做主持时挺有用。我现在主持基本上都会用“当年我们在某个露天场地演出，下面观众都走光了，只剩几条流浪狗”那套段子，基本上都很有效果。观众会津津有味地把这些事故当作猎奇故事来听。你甚至都不用讲段子，讲故事就好。

营营：对。因为这是演出现场的故事，观众正在看演出，因此是能和你产生连接的。比如我去其他城市做主持时，会去找那个城市的特点，会和他们讲一些诸如今天是什么节日，外面在下雨，等等，以这些内容来开场，他们会有连接感和共鸣，和你产生共情。总之，不要硬讲没有任何关联的段子。

关于主持人和观众怎么互动这个话题，我觉得如果是超过一百人的场子，人数上的互动比例一定要注意，一定要有一部分互动是和整场人进行的。因为互动一般都是和前排的观众进行，后面的观众听不到，他就没有参与感，精力就会不集中。这导致演出经常出现前排观众很嗨，而后面的基本就玩手机去了，甚至可能开黑。

虎牙：我甚至见过有人在后排刷剧的！

营营：对啊，对这些观众来说，他们会认为，我在后面，氛围也不是很好，主持人也不怎么理我，与其被冷落，我还不如玩手机呢。

而小场子，特别是开放麦，有时候可能整场都很冷。如好不容易遇到一个愿意搭话的观众，有些主持人就会和那个观众一直说话，其实这很不应该。如果你和那个观众来回对话了三次，都没有引起一次整场的笑声，就不要讲下去了。正式演出时千万不要追着一个观众不停地问、不停地互动，这对其他观众来说是一种煎熬。

我觉得主持人互动时间的问题，可以从某些观众想了解的方面去问。举个例子，某位演员的大场每次都会有几个第一排正中间的“贡品”票，票价 666 元，远高于平均票价。所有其他观众都想知道这些人为什么愿意买这么贵的票，所以我主持时都一定会和这几个观众互动。也不会问他们有没有坐过地铁这些有的没的的问题，就问他们为什么愿意买这么贵的票，气氛就会很好。

洛宾：问他们有没有坐过湾流吧。

营营：在问的时候，其实我也没有特别设计好，所有的问题都是为了让观众放松下来。如果能出梗最好，出不了也无所谓。但我特别讨厌对观众有太多的冒犯，一旦冒犯到某个观众，他/她反击你两句以后，你就很难处理了，整场演出的氛围可能就紧张起来了，要很久才能恢复，这很难受。

互动的时候，我建议还是要做准备的，最好能准备三个答案。比如第一排如果有男性老观众，而且带了女性朋友来，我就会问他："你是不是之前来看过？这次带的女孩比上次带的那个好看很多。"然后他一般也不会说话，我就说"骗你的，希望这位女士不要当真"，停一下，马上说，"没有上次那个好看"。我觉得这个也不算冒犯，就是开玩笑，他们能接受，但我觉得我的尺度仅限于此，不会太过了。

我很怕前面做了这么多努力，已经让他们放松下来了，后面为了出爆梗再冒险互动，换来的却是气氛突然冷下来，甚至降到冰点。这个险真是不值得冒。

洛宾：我分享一个互动小技巧：当你向观众提问，而观众回了一个奇葩答案，如果你一时之间想不到很好的应对方法，你可以把观众的回答重复一遍，因为答案本身就奇葩，通过你麦克风的放大效应，观众很容易就有笑声了。而观众笑的时候，也为你争取了更多时间去想怎么应对。

营营：下面我根据自己的经验讲一下我主持的大概流程吧。我主持时，一上台肯定会向观众要两次长鼓掌。这个事情我觉得很重要，因为他们刚坐下来，后面还有人陆陆续续进场，这样，先坐下来的人没事做，心也不定。第一次要掌声的时候我一般会说，欢迎你们来到了谁谁谁的专场，给自己一个掌声好吗？第二次我通常会说，今天天气很冷（或很热），这么寒冷（或炎热），你们也过来，再给自己点儿掌声好吗？当他们鼓掌的时候，其他精神尚未集中的人，就会看台上发生了什么，也会跟着鼓起掌来。

接着我会问他们多少人是第一次看线下演出，这个时候就可抛一个我常用的梗了，也是大家常用的“脱口秀演出没有回头客”。我的说法具体是这样：“我们这个演出不是为了赚钱，是觉得深圳房价太高，年轻人压力特别大，过得都很苦。因此我们有一个心愿，是希望让全世界的年轻人都可以听一次真正的脱口秀，但没想到，就真的是只听一次！没有人愿意回头来再听！我站在这里面对着你们，就预感到那种离别的隐痛。”这个时候，我还会问他们，“下次还会来吗？”就这样，简单聊两句，不单独问某个人下次是否还会来，没必要。

然后我会接着介绍脱口秀。我会说，“你们很多人都是第一次看来看脱口秀，脱口秀是很小众的，你们可能有些人还不知道是来干嘛的，不知道是来听什么的。有的人可能以为是培训。有没有这样的人，还不知道自己是来干嘛的？”然后可能会让他们举手，可能让他们鼓掌。前面这几次一定是和观众群体一起互动，就是为了让他们所有人都集中注意力。

因为当前来看脱口秀的基本上都是新观众，有时候他们会很抱团，和你唱反调，说不知道是来干嘛的，我就会说："那我简单讲一下今天的主题，今天我们主要是讲区块链的技术应用与产业发展。"这样一讲，他们就大概知道，今天来看的这个脱口秀就是扯淡，就是讲一些段子。我不会说我们是讲段子，这些规则我肯定不会老老实实写好了以后去读给他们听，我喜欢把它转化成这种让他们放松的东西。我说其实我们不是区块链，我们这个叫做 stand-up comedy，起源于欧美。在我说英文时肯定没人说话，我就会等他们一下，然后接着说："是不是不知道什么意思？我来翻译一下，stand-up comedy 翻译过来就是区块链的意思。"总之，反反复复讲这种适合所有人的东西，和尽可能多的人连接起来。基本上我讲到这里，氛围一下就变轻松了。

接下来我会和他们说一些看演出的规则。关于演出期间使用手机的规则，我会这样说：

第一，不能用手机给我们录视频。专心看我们的演出，不要拿手机出来，这是为了保护我们的版权。

第二，希望大家能融入进来，放轻松看我们的演出。如果觉得好笑应该怎么样？他们说应该大笑，应该鼓掌。我说对，上一场我问观众，“如果讲得好笑怎么样？”结果有个观众说：“如果讲得好笑，老子给它抄下来！”说这些事也是告诉观众保护版权的重要性，不要用手机录视频，拍照可以，但不要录像。

讲完规则之后，我还会告诉观众，我们的演出有个比较特殊的地方，那就是演员可能会和观众有些互动，但都是善意的。有些观众听说要互动可能就很紧张，不敢看演员的眼睛，心想这个家伙该不会是要和我互动吧？接着我会告诉观众不要紧张，尽量放轻松。开始互动时我一般不会问前排观众，我会问现场所有的观众：“你们愿意互动吗？”这时候他们一般都会说愿意，随后我就会说：“后面的观众先别插嘴！因为你们后排的演出票是不包含互动的！只有前排 666 元票包含互动。”我有时候也会担心后面的观众会不会觉得受到了冒犯，因此和前面那些 666 元票的观众互动时，我会稍微故意冒犯一下他们，问他们是不是钱多人傻之类，后面的观众会发现我们原来和他们是一个共同体，听到后会笑得特别开心。但为了平衡一下，我又会和前排的人说:“你看后面的观众笑得多开心，这就是穷开心。其实我也不知道后面的观众能不能听得清，看得清。所以我当着你们的面，想问一下后面的观众，你们没买前排的票，是因为穷吗？”然后前排观众也会笑得很开心。

洛宾：其实，主持人冒犯观众时，一般会说他们穷、学历低之类，嘲笑一些不好的地方。这种嘲笑我建议一两次就够了，同一场演出，千万不要多次用不同段子或者不同角度去冒犯同一个点。因为这些不好的点都是我们编出来的，人家真实情况不一定是这样，说多了别人肯定不舒服，就会真的被冒犯到。况且一个简单的硬编的点来回反复地说，特别是主持人说完演员说，第一个演员说完第二个演员说，观众也会腻，甚至觉得你们的水平仅此而已。

营营：我觉得脱口秀演员在互动时，确实很容易冒犯到观众，我的经验是尽量去冒犯一个群体，不要冒犯具体某个人。如果被冒犯的是自己所在的群体，他们不太会生气。

洛宾：这个人会觉得，虽然我也是这个群体的，但他说的肯定不是我。

营营：其实我不太喜欢做主持，因为主持的工作量很大。我主持时，除非和演员很熟，否则，一定会去问他们要怎么介绍，因此，我有自己的介绍词。特别是专场主持时，有的演员会叮嘱说他的尺度大，我就会如是提醒观众；如果演员和我说他冒犯性特别强，我就会帮他如是铺垫。另外，主持词想好后，我还会和他们确认：你不能乱介绍，因为有的东西你介绍了，其实就会破了别人的梗。

洛宾：对，我们介绍某个演员时，千万不要把这个演员自我介绍的那条段子直接拿来用。比如我开场有个自我介绍的梗是说自己“脱口秀全国排名第五”，你们介绍我的时候，就不要用这个说法了，因为这是我的段子，就算你已经听了无数次，都能倒背如流了，如果我没和你说可以用它来介绍我，你就不要说，因为很可能会打乱我的安排。

营营：所以主持人要尽量提前和演员沟通好，或让演员给你几个关键词，或把演员给的介绍词背下来。有的演员会有固定的介绍词，比如某位长得很土气的演员，大家默认的介绍词，是说他是深圳的易烊千玺，或者说他是深圳最帅的男演员，这个介绍对他来说就很好，因为他一上台，给人的反差就很好笑。

我的主持框架基本就是这样的：先让观众鼓掌；接着和一群人互动，讲观演规则；再说“没有回头客”“演出很难”“脱口秀是什么”；再说录音、录像、拍照的规则；然后开始介绍演员。这样，从开始到第一名演员上场，这些内容讲 15 分钟也就够了，不要拖太长。现在有些演出，听说主持人一开始讲半个小时才让第一名演员上场，真是太折磨人了，我不想和这样风格的主持人一起演出。

另外，主持人中间串场有时要处理一些应急的情况，比如如果上一名演员讲得很冷，甚至还和观众起了冲突，那主持人串场时不要当作什么事情都没发生，甚至直接介绍下一名演员出场，这会让后面的演员很难接。此时主持人的态度一定要很真诚，就不要想什么搞不搞笑了，要尽量去抚平观众的情绪，他们是花了钱买票的，他们就是上帝；当然态度也不用那么卑微，但起码是应该道歉的。主持人是为整场演出和演员服务的，要有这个牺牲精神。

结尾的时候，主持人尽量也要准备一套词儿，虽然结尾大概只有两三分钟，但观众临走时如果笑了，他们对这个演出的评价会改观很多。所以一定要为最后结束时稍稍准备一两个梗，这些都靠平常多准备。

洛宾：就像我刚才说的，如果这场演出前面三名演员都热不起来，甚至最后压轴的演员也热不起来，可以说这真不是主持人的责任。但是，如果主持人最后有能力让观众笑着离开，挽救一把，主办方还是会很感激你的。但这种努力要放到最后，不要像溺水的人一样一直挣扎，最后挣扎一下，差不多就够了。

营营：最后就是大合照，我经常碰到大合照的时候，全场安静，没有话说，其实挺尴尬的。因此，合照时要尽可能让音控的人放背景音乐。

我现在摸索出一个新的方式，合照时会引导观众说他们当地最著名的话，比如在东北，我会说“你瞅啥”，观众就回“瞅你咋地”；在河南的时候，我就让他们和我一起说“打死你这个龟孙”。

梁晓智：我在广州主持，合照时会让大家一起说广东话里最著名的那个字，观众就心领神会地说出那个著名的不雅的字，说完我就回：“啊呀，我说的是‘好’字啊！”这样气氛通常都很好。

营营：对。不管是在干嘛，主持人尽量不要让任何一个瞬间冷下来。主持人任何时候都有义务让观众放松，如果能让他们大笑就更好了。让观众放松是及格线，这个我觉得也不是特别难。

本期播客节目播出后，有人提了一个问题："主持人可以用别人的主持段子吗？"这个问题非常好，而且现在确实存在主持人段子到处"共用"的情况，个别主持人甚至会直接讲演员的段子！我认为，别人的主持段子不管能否找到原创者，能不用就不用，特别是那些很明显有别人创作烙印的主持段子。比如上面我、营营和梁晓智举的几个例子，你千万不要看完以后说"哎，这条段子好，我下次主持就这么说！"，这是绝对不可取的。但那些说滥了的，大家都在说的主持梗，能不能拿来说呢？我认为，如果把这些梗当作给新观众介绍脱口秀的一部分，就可以说。比如"听到好笑的就笑，不好笑的就鼓掌""脱口秀演出果然是没有回头客的""给脱口秀演员拍照记得开美颜"，诸如此类的常用梗，你愿意说的话是可以说的。但是，如果你主持时反响最好的梗就是这几个，那你还是好好琢磨一下段子创作的技巧吧。

（本章是本书唯一有配套音频的一章。此音频可通过喜马拉雅app，在洛宾的播客《说的全是梗》里收听。音频最后一部分讨论了一些现场几位演员主持时曾遇到的特殊意外情况，由于都是具体个例，未总结于上文，有兴趣可去播客收听。）

第 15 章

讲脱口秀能赚多少钱

这里还是一片蓝海，如果你有能力，何不抛开顾虑，来遨游一番呢？

终于到大家最感兴趣的一章了。当脱口秀演员的收入怎么样？一个月能赚多少钱？一年能赚多少钱？

首先，我们排除一些没有参考价值的，就是那些已经上了《脱口秀大会》，上了各种网综，成了明星的脱口秀演员。他们的收入有多少我也不知道，但肯定远远高于普通演员的收入。

脱口秀演员的收入很容易算出来。目前市场上一名没有名气，也几乎没有上过著名节目的演员（顺便说一句，目前市场上 90% 都是这样的演员），他们每周末会固定地到各家俱乐部演出，每一场大概讲 15 分钟，这种我们称为常规商演。俱乐部付给演员的报酬大概是每场三位数人民币，为了便于计算，我们以 500 元这个中间数字来举例。在北、上、广、深，一个不是那么拼的演员，他 / 她一周能够获得的这种类型的商演数量，最少的有两场，最多的可能超过 20 场。所以简单一算，一名脱口秀演员的演出月收入，大概会是在 4,000 到 4 万元之间。

收入 4,000 元的演员往往还有本职工作，周末也需要更多时间休息，没那么多时间赶场，这可以理解。而那些年轻、水平不错、精力充沛、“神经强健”的年轻人，一个月光是凭借勤奋的商演赶场，收入超过 5 万元的大有人在。不过，这一般仅限于演出市场特别好的上海，而且也不是每个月都能达到这个量级。所以，一个没上过节目的没什么名气的普通演员的收入水平，和一般上班族可能差不多。

与一般上班族比，全职脱口秀演员的特点在于三点：

第一，演员们一般都是真心喜欢脱口秀的，而真心喜欢本职工作的上班族应该不多。

第二，脱口秀演员可能需要晚睡，但不用像许多上班族那样早起。

第三，通过奋斗，脱口秀演员有可能成为具备极高商业价值的明星，然后收入变化翻天覆地。这可能是最吸引人的地方。

当然，除了上面所说的常规商演，还有一种单场收入高得多的“堂会商演”。堂会通常是这几种类型：公司年会、大客户宴请会、周年庆、促销活动等，主办方需要活动上有人提供娱乐节目，除了唱歌、跳舞、“胸口碎大石”这些传统节目之外，脱口秀现在也成为不错的选择。脱口秀演员跑堂会，通常表演时间也是在10—20分钟，但是价格往往是常规商演的几倍，甚至几十倍，所以虽然堂会表演一个月也不一定有一次，表演场合也往往非常不适合讲脱口秀，但很多人还是硬着头皮去。许多现在当红的脱口秀明星成名前都跑过堂会。

当你的脱口秀越讲越好，段子也越来越多时，你会逐渐不满足于每次只在台上讲 15 分钟。如果你的有效段子时长超过了半小时，这时就可以考虑讲一下主打秀了。俱乐部的周末常规商演一般连主持人在内是 5 名演员，每个人表演 15 分钟左右。如果改为你的主打秀，俱乐部将少安排一名演员，而你会作为最后一名出场演员，可以讲 30 分钟以上，获得双倍报酬。有一些财大气粗的俱乐部，根据你的名气与水平，甚至会给 2.5 倍或者三四倍的报酬。而当你的有效段子内容超过了一个小时，就可以考虑举办个人专场了。

个人专场需要讲一个小时以上。前面一般会安排一到两名热场演员，再加上一名主持人，他们占去的总时长是半小时左右。如果是俱乐部给你安排的个人专场，你能获得的收入通常是你平时商演价格的 4 倍，也就是 2,000—3,000 块钱。你如果对这个价格不满意，不妨主动去找一些心仪的俱乐部，提出自己心目中的理想价格。他们如果仍然愿意帮你安排，说明你是有一定市场号召力的。后期他们可以通过提高票价，或者安排更大的剧场的方式，达到双方都满意的结果。

假如你有一个质量很不错的专场，该怎么更好地安排呢？这里分为两种情况。第一种，你白天有一份全职工作，时间没那么自由，在这种情况下你每个月能够演 1 场，一年演 12 场，已经很不简单了。第二种，你是全职脱口秀演员，收入全部来自常规商演、专场演出以及堂会演出，那你该怎么安排自己的演出呢？这是我们的重点。

先说一说，你到底应不应该做全职脱口秀演员？在我看来，假如你 30 岁之前就已经拥有了个人专场，特别是你还没结婚，或者结了婚但还没有孩子，你就应该成为全职脱口秀演员。而如果你有家庭、孩子需要抚养，那是否应该辞去稳定的工作而做一名全职脱口秀演员？这需要慎重考虑。因为脱口秀演出的收入虽然不比上班少，而且还有成名的潜在可能，但是毕竟没那么稳定，特别是当下受疫情影响，演出经常会中断。

如果你已经成为全职脱口秀演员，还拥有一个质量不错的个人专场，建议你每个月至少去两个不同的城市举办两场以上的个人专场。假如你有一个不错的经纪人，或者你自己的谈判、运营能力不错，那么你在每座城市的专场演出获得的收入，每场至少是在 5,000 元，演出承办方还会承担你的差旅费用。如果和你合作的俱乐部售票能力很强，那你每场获得 1 万到几万元的收入也很正常。除了专场之外，你还有时间参加常规商演，再加上堂会演出，你每个月的总收入是远高于在一座城市每天参加 15 分钟常规商演的。所以，攒专场是全职脱口秀演员的努力方向。

怎么和当地的演出承办方确定你的专场演出报酬呢？通常有两种模式，一种是你拿固定演出费，旱涝保收，在这种模式下，不管对方卖多少票，你能够拿到的专场演出费通常不会超过 1 万元，有名气的会高一点儿。第二种模式是你和演出承办方票房分成，分成比例从三七、四六到五五都有可能，取决于你的名气和谈判能力。如果你有名气和票房号召力，拿到七成的票房收入都是有可能的。当然，高收益意味着高风险，万一俱乐部卖票不给力，你辛苦演了一场专场，最终还要自己要倒贴钱。这种惨剧也不是没有发生过。

最后说一个题外话：演出费的纳税问题。很多演员都缺乏基本的税务知识，这导致俱乐部在和他们结算演出费时要多费很多唇舌。你如果想做一名职业脱口秀演员，以下最基本的税务知识是需要掌握的：

1. 演出费需要缴纳个人所得税。任何所谓“避税”方法都是有法律风险的，很多明星在被罚了几千万元甚至几亿元后才明白这个道理。虽然脱口秀演员现在总体上收入还不算高，但按法律规定缴纳个人所得税一定不会出错。

2. 俱乐部如果不帮你代缴个税，他们也是有法律风险的。所以，不要去和俱乐部提“能不能给我现金，这样不用缴税”这种要求，这会让俱乐部很为难，因为如果他们给你现金，那同时也会代你承担个税。你这种要求不但是纳税不积极的表现，而且还占了俱乐部的便宜。如果你不是具有不可替代性，说不定俱乐部很快就不请你演出了。

3. 俱乐部代你缴纳个人所得税时，会按一般规定使用 20% 或 30% 或 40% 的劳务报酬税率预扣，但这并不意味着是直接把你的演出费按比例减掉后发给你（如果遇到这样做的俱乐部，你就可以找他们算账了），而是向你支付演出费总额减去预扣税款之后的税后部分。预扣税款随演出费的不同而不同，比如如果单次演出费是 1,000 元，那么俱乐部代缴预扣税款是（1,000-800）× 20%=40 元；如果单次演出费是 10,000 元，则预扣税款是（10,000-10,000 × 20%）× 20%=1,600 元；如果单次演出费是 30,000 元，则预扣税款是（30,000-30,000 ×

20%）×30%-2,000=5,200元。如果你对俱乐部代缴的个税有疑问，打开网站https://www.taxspirit.com/003.aspx，将演出费输入至“劳务报酬”框中，就可以得出该扣缴多少税款。

记住这点：俱乐部代你预扣预缴的税额并不是你应缴的所有个税，要等到第二年税务部门综合个人所得年度汇算清缴后，你才能知道自己究竟该缴多少个税。

4.下载国家税务总局的“个人所得税”App，每年3月至6月进行上一年的退税申请，你有可能获得退税（当然也可能补税）。这个App的操作非常简单，只要你通过了实名认证，在汇缴期基本不需要输入任何内容，就能看到自己上一年到底缴了多少个人所得税，取得了多少收入，每一笔都清清楚楚，而且能通过简单操作看到自己的退补税额。如果俱乐部以20%的税率代你缴税，假设你的年总收入处于144,000元至300,000元的区间，那退税金额可能只取决于你自行缴纳的三险一金或专项附加扣除填报情况等；如果你的年收入低于这个区间，那你适用的税率可能是10%或3%，这意味着你上一年缴的个税，有很大部分是会退给你的。如果你在 App 里申报了住房贷款利息、赡养老人、个人教育等专项附加扣除等事项，你能获得的退税额将会更大。我每年都听说有演员能获得一两万元的退税，直接打到个人银行卡上的，这就相当于国家税务总局强制帮你存了一年的储蓄，相信你收到这笔退款的时候，心情一定不错。

当然，如果你的年收入高于 30 万元，那么可能就需要补缴税款了。补缴多少？ App 也会自动帮你算好。我们国家个人所得税税率最高是 45%，这是年收入超过 102 万元的那部分人适用的税率。对于那些收入比较高的演员，补缴的概率是很高的，就算你不下载这个 App，这笔账国家税务总局也会帮你记着，永远都有记录。所以，做个依法缴税的纳税人吧，这很光荣。

不管怎么说，假如你的脱口秀越讲越好，内容越攒越多，对这个行业越来越热爱，你的身体状况也能适应高强度的演出安排，而且你的脱口秀兼职收入已经很稳定，并接近甚至超过你目前的工作收入，那么我非常鼓励你成为全职演员。当然，要注意我的前提——你的兼职脱口秀收入要**稳定地**接近甚至超过现在的工作收入。如果你兼职讲脱口秀每个月还只能拿到三四千，而你的月薪有两三万，差距这么大，还是要三思而行。不过，一旦决定成为全职演员，你就可以全情投入了。这个行业的从业演员基数还很小，全国有能力每周都获得一定数量的常规商演的演员，数量在 1,000 人以下，几乎比其他任何一个成熟的演出领域的从业者都要少。总之，这里还是一片蓝海，如果你有能力，何不抛开顾虑，来遨游一番呢？全职脱口秀演员的世界欢迎你！

第 16 章

除了演出，全职脱口秀演员还能做什么

脱口秀演员的表达欲有多么强，只要你开始从事这一行，就深有体会。

如果你现在是一名全职演员了，你最重要的工作当然就是每周的常规商演。如果你在上海、北京，那应该几乎每天都有商演机会，周末更是可以演到你想吐。如果你在其他城市，每周从周五开始到周日的演出也够你忙的。毕竟演出一般都是在晚上，你的空余时间其实还很富裕，白天除了创作和打磨段子，如果还有精力，可以做什么呢？以下几种工作都可以考虑。

第一种，当喜剧写手。这是脱口秀演员最适合做的工作。

如果你可以给自己创作高质量的段子，也意味着你有能力为别人创作。喜剧编剧通常会写以下两种类型的内容：

1. 电视或网综的稿件。例如当年的《今晚 80 后脱口秀》就培养出了包括李诞在内的一大批段子手。2021 年，现象级喜剧节目《一年一度喜剧大赛》中的最佳编剧六兽也是一名优秀的脱口秀演员。现在大量对外征集段子的节目虽然不多，但只要你有兴趣，还是可以找到投稿的渠道。比如河北卫视的《小强来了》和凤凰卫视的《笑逐言开》常年都在征稿，《一年一度喜剧大赛》等网综也会在每季筹备阶段公开招募项目制编剧。

2. 商务类稿件。很多企业举办内部企业文化活动或参加大型活动时，常常都会需要喜剧写手为其写稿或者润色稿子。

一般一条段子从几百元到上千元不等，如果写的是整稿，会以分钟（250 字左右 / 分钟）来算。根据写手的水平和知名度，从每分钟一千多元到好几千元的都有。这种稿酬虽然乍一听比普通专栏作家和记者高多了，但段子都有中稿率，有时候连写几十条也不一定能中一条，还是要看写稿者的水平与经验。

如果你有兴趣从事这项工作，该怎么开始呢？可以主动找一下从事过这项工作的脱口秀演员，表明你的兴趣。如果你不知道哪些同行正在做写手的工作，可以在演员群或社交媒体里问一问，这些信息不难获取。

在第一次接这些活之前，你要尽可能让别人看到你的创作水平，最简单的方法就是在微博或个人公众号上发表喜剧作品，水平高不高，大家很容易就能判断出来。如果你的水平不错，而且大家都知道你有兴趣当写手，很快就会有人联系你了。

当喜剧写手是一项很让人向往的工作，现在在脱口秀行业中如日中天的李诞、程璐和王建国，当年都是从写手开始入行的。我自己一直以来的收入也有很大一部分来自编剧。有了我们这些前人的例子，你就放心地开始练习吧。

第二种，经营文字自媒体，这也很适合脱口秀演员。

这里说的文字自媒体主要指微博和个人公众号，甚至还有朋友圈。前两种都可以为你涨粉并带来商业利益，朋友圈则可以增强你在熟人之间的知名度，拓展你的人脉。如果你有兴趣当喜剧写手，这些自媒体自然是你最好的展示平台。如果你不只擅长写文字，还擅长创作视频，那么就更有利于你成为一名知名演员了。

我之前讲过，微博可以成为脱口秀演员记录创作素材的重要工具，把段子发表在微博上，还能展示你的水平，带来潜在的收益。银教授是微博段子手中的佼佼者，他当年也讲过一年半的脱口秀，后来因为面对舞台有焦虑情绪，再者那时候演出的回报也不高，他就专心经营微博和公众号，取得了相当大的成功。

第三种，经营视频自媒体。

抖音、快手、B 站以及微博、微信等平台上都可以营建自己的视频自媒体。如果你能够经营好这些媒体，收益也将很可观。虽然几乎所有视频自媒体从业者最终都逃不过带货的命运，但是脱口秀演员有一个和其他视频博主完全不一样的带货产品，那就是你自己的演出内容。当你拍摄发布自己的演出或者搞笑短视频涨了很多粉之后，自然而然地，你的演出门票也会更好卖，甚至是一票难求。已有不少演员为我们做出了表率，比如付航、小 Xin、刘旸教主、Storm 等。

第四种，经营音频播客。

除了文字和视频类的自媒体，近年脱口秀演员还多了一个新的表达渠道，那就是音频播客，英文为“PODCAST”。

如果你研究过国外的脱口秀演员，就会发现他们几乎人手一档音频播客。为什么呢？相较于文字和视频，其实音频才是脱口秀演员最容易实现自我表达的渠道。因为仅利用文字容易表达得不够充分（所以建议大家平时微信吵架要发语音，不要用文字吵）；而由于制作难度，以及在镜头前的表现力和时长的限制，你很难利用视频真诚而深入地表达自己。但音频制作简单，且几乎能够百分百还原说话者的真实情绪和意图，因而成为脱口秀演员最佳的表达渠道。

脱口秀演员的表达欲有多么强，只要你开始从事这一行，就会深有体会。只不过音频播客在我国处于刚刚起步的阶段，绝大部分做播客的人都赚不到什么钱。但是有国外的成功例子在前，假如你在经营文字和视频自媒体之外还有余力，不妨尝试一下音频播客。毕竟试错成本不高，做不好就算了呗；万一做好了呢？要知道全世界最值钱的个人音频播客，其经营者就是美国脱口秀演员乔・罗根（Joe Rogan）。梦想总是要有的，对吧？

对于脱口秀俱乐部来说，还有一个值得参考的例子，那就是单立人喜剧，他们做的播客《谐星聊天会》相当成功，不但为自己的线下演出带来了很多观众，而且播客本身也获得了广告商的青睐，收获了赞助。这样双赢的事情，脱口秀演员们确实可以好好考虑一下。

第五种，做培训。

这也是此刻我正在做的事情。它能帮助演员把自己的经验和知识分享给大家，并且获得收益。一个行业永远都有新人，无论哪个新人，即使再有天赋，刚开始时都需要有人指点。如果你从事这个行业有一定的时间了，而且善于学习和总结，不管是否在脱口秀舞台上获得了很大成功，你都可能通过培训给别人一些帮助。

以前我们看到一些在舞台上不那么成功的演员去给别人做培训时，都会嗤之以鼻，觉得这是在忽悠别人。实际上这是一种误解。培训老师是不是忽悠，接受培训的学员才最清楚。就好像我们读书时的语、数、英老师，他们也不是在这些学科上最拔尖的创作型或研究型人才，但是依然不妨碍他们成为好老师，只要他们懂得教学方法并且能因材施教就行。在脱口秀领域也是如此，如果你自身善于培训，且富有成效，就可以考虑去做新人培训工作。

第六种，做行业统筹。

这个工作听起来有点儿陌生，它的另一个通俗易懂的名字“包工头”想必你有所耳闻。节目和演出是团体性工作，在这些团体中，必然需要有人负责统筹。统筹工作的一项重要内容是负责和甲方打交道。那些出钱让你写稿子、让你演出的演出组织者，我们统称为甲方。

和甲方打交道并不是一项容易的工作，很多人在创作和表演方面非常厉害，但是一旦牵涉和甲方沟通、统筹，往往会很头疼。如果你擅长于此，不妨试试。当你在这一行做久了，你就会明白这个工作的重要性。不要小看这个工作，其所带来的收益可能会远大于你吭哧吭哧写段子或者拍视频。

在脱口秀演出行业，有一种工作也相当于统筹，那就是俱乐部里负责演员演出排期的人。这个职位在英文里叫“booking manager”，相当于演艺行业里的艺人统筹（简称“艺统”）；但在脱口秀行业里，目前还没有确切的称呼，有的叫“运营”，有的干脆就叫“负责排期的”。这个工作往往由演员来兼任，因为他们最熟悉参演演员的水平，安排起来得心应手。现在俱乐部越来越多，每家俱乐部都需要一两个这样的角色，这也是脱口秀演员除演出之外不错的工作岗位。

行业统筹这项工作，市场的需求量不算很大，目前还没有出过很著名的成功例子，但每一个从事脱口秀行业的人都见过这些工作人员，并乐于和他们搞好关系。

如果你具备这样的事务性能力，不妨多留意一下机会。

由此可见，脱口秀演员除了靠演出赚钱，其实还有很多职业发展方向。所以，如果你真的热爱这个行业，而且已经确认自己真的有能力在这个行业取得一定成绩，那么就勇敢地踏出全职的第一步吧。

第17章 脱口秀演员如何上电视和网综

通过参加线上节目，你至少能获得珍贵的在镜头前表演的锻炼机会。

如果你已经成为全职脱口秀演员，下一步是不是想登上电视或网综节目呢？不管你想不想，如果你希望自己的表演有更多人看，那无论如何都要想办法参加一些比较火的节目。那有些什么比较好的登上电视和网综节目的方法呢？

2013年，我和几位演员一起在深圳组建了一家脱口秀俱乐部，叫“逗伴脱口秀”。当年年底，我们整个团队去参加了一个电视综艺节目——江西卫视的《谁能逗乐喜剧明星》。是不是从来没有听说过这个节目？这就对了，因为它只做了一季。我举这个例子是想说，如果有机会参加电视节目，尽量不要错过任何机会。

当然，目前国内许多与脱口秀相关的电视和网综节目都做得不太专业，去参加不太专业的节目其实是一种折磨，但如果你能忍受，在有选择之前，建议你还是要尽可能多参加。因为在摄像机镜头前表演和仅对着现场观众表演的感觉是完全不同的，通过参加线上节目，你至少能获得珍贵的在镜头前表演的锻炼机会，等到后面真正机会来临，你就有经验了。那句话叫什么来着？请写在横线上：______________________________。

怎么参加这些电视或网综节目呢？主动的方法当然是密切留意各大卫视和各大视频平台的节目信息，他们在做节目之前一般都会对外招募。当然，也不需要像横店的群演那么主动，毕竟你的主业还是讲脱口秀。

另外，只要你已经从事脱口秀一段时间，并在很多演员群和观众群里待着，节目会主动找上门的，因为总会有同行在这些群转发节目招募消息，你只要保持敏感度，别错过就可以了。还有一种守株待兔的办法，就是保持社交账号的活跃，经常在微博等社交平台上发布自己的段子，特别是表演视频。很多节目编导都会满世界找人，只要你发布的内容足够好，他们就会搜得到，然后主动给你私信——保持你的私信信箱开放就行。

在参加线上节目的过程中会遭遇很多“雷区”，有哪些“雷”需要避开呢?

首先要避开的“雷”，是那些向你要钱的节目。素人去参加线上节目，一般没有报酬或劳务费，但如果节目组竟然还要你交费（公开招募时说明了报名费的例外），那很有可能是骗局。另外，节目组如果邀请你去外地录制，肯定会负责你的差旅费，如果连差旅费都不提供，那也基本等同骗局。有些节目组为了省钱无所不用其极，比如，他们会负责你的去程差旅费，但万一你在节目里被淘汰或表现不佳，他们可能连回程的路费都不报销。这种令人无语的行为，在圈里时有听闻。

第二个要避开的“雷”，是一些很苛刻的版权声明。比如，有些声明规定你在节目上表演过的所有内容版权都属节目所有，这是很多节目组的常见操作，但是你要据理力争。因为版权分为很多种，你不能把所有权利都送给他们。在这个节目里放出来的视频版权当然是属于节目组的，但是段子内容是你自己创作的，内容所有权必须你自己保留。如果他们一定需要内容版权，那你要慎重考虑。知识是有价的，要在合同里为自己的创作成果争取对等的权益。

还有一种版权声明，节目组要求未来一段时间内（比如 1 到 3 年），你在节目上表演的内容，不得在任何其他平台上再表演。这种声明也要慎重对待。可能你有一段最好的内容，你带着它参与的节目却没有激起任何水花，而节目结束后的第二天你就参加了一个类似《脱口秀大会》这样的节目，你会发现自己这段最好的内容居然不能演了，是不是很后悔？所以，假如节目方要你签这样的版权协议，一定要仔细看清楚。如果觉得不值得，就要坚决捍卫自己的权益。演出平台有很多，不一定非要吊死在这一棵树上。

除了版权问题，很多演员参加线上节目时都会有一个顾虑：我在线下最好的内容拿到线上演掉了，观众都看过了，会不会导致我线下演出不能演这一段了？

这个就有点儿多虑了。首先，你参加的这个节目有多少人看，这本身就是一个问题。其次，线上能播出来的内容一般只有几分钟，你用内容最精彩的这几分钟打了一个广告，引导观众线下买票看剩下的内容，那不是很划算吗？而且，对着屏幕看脱口秀和在线下看，体验完全不同。观众如果是冲着你这个人来的，在现场看到了活生生的你的表演，就算是一模一样的内容，他们也一定会更开心。所以根本就不用顾虑这个问题。

哪怕你参加的是最火的脱口秀节目，而且你在上面把自己所有的段子都讲完了，你都完全不用担心观众看了这个节目后不想买票线下看，因为他们买不到——假如最红的脱口秀节目能让你把所有的段子都讲完，那说明你已经红了！你根本就没有时间回到线下演出了，你的时间都用来跑通告、上综艺去了，好吗？！清醒一点！

第三个要避开的“雷”，是很多新演员都不小心误踩过的——有些节目组或演出公司给了你上节目的机会，甚至仅仅只是给了你现场演出的机会，就要你先签下经纪合约，成为他们的签约演员。这个一定要慎重！经纪合同受《合同法》保护，如果你贸然签下了一份长期的、规定了巨额违约金的经纪合约，很可能会后悔一生。

作为职业演员，就算不是为了获得上节目的机会，你也很有可能会遇到需要签约的问题。你人生面临的第一份经纪合约，可能来自当地的脱口秀俱乐部，他们和你签的一般是关于线下演出的合约。如果这种当地俱乐部的合约除了要管理你的舞台表演，还要管理你的肖像权以及线上演出经营权，包括视频和音频等，那你应当尽量规避！因为这些专注于线下演出的俱乐部一般鲜有能力做好线上节目，他们甚至可能连自己的抖音账号都没运营好，怎么帮你做好线上运营呢？你可以和当地俱乐部签线下演出的经纪合约，但一定不能轻易把自己的线上音视频版权也交给他们。

最后要重点谈一谈我的前东家，做出《脱口秀大会》的上海笑果文化公司，他们是目前全国唯一一家签下了超过三位数脱口秀演员的经纪公司。如果你有机会登上笑果文化出品的节目，他们肯定需要和你签约。这种合约可以考虑签，因为这是中国目前最好的线上脱口秀节目制作公司，也是你作为脱口秀演员，目前能获得的最好的线上平台。你应该付出巨大的努力让他们看到你的才华，只不过在签约时，还是要仔细审阅合同条款。

笑果文化也在运营线下演出，而且质量相当高。如果他们只给你一份线下演出的合约，并未承诺参加线上节目，这样的合约能不能签呢？我认为，如果你人在上海，是可以签的。成为他们的签约演员后，你参加的所有演出都是由笑果组织的，只要你水平够高，一旦出现上节目的机会，你会享受到近水楼台先得月的好处。但如果你人在外地，每次演出都要专门前往上海，或者只能被动地等待笑果来你的城市举办演出，那这份合约其实是在限制你的演出机会，你要好好权衡一下得失。我见过不少曾经和笑果文化签约的不在上海的演员，在沉寂了一段时间后主动申请解约，重新成为自由演员，就是这个原因——不想让自己的线下演出受到限制。

除了笑果文化，还可以考虑和国内哪家经纪公司签约呢？目前能做出好的线上脱口秀节目的公司，只有笑果文化一家，他们暂时处于一家独大的地位。但如果你不仅会讲脱口秀，还有别的才艺，如音乐、漫才、表演、即兴喜剧、编剧等，选择面会更广。比如 2021 年推出爆款喜剧节目《一年一度喜剧大赛》的米未公司，你就可以努力向他们证明自己。一些视频平台和电视台旗下的经纪公司时不时会签演员，不过要注意，他们基本都没签过脱口秀演员，他们看重的是颜值、年龄和当明星的潜力，如果这些你都不具备，还是好好打磨脱口秀内容，先在现场舞台上证明自己吧。

第四部分

脱口秀的商业化

COMMERCIALIZE

第 18 章

创办脱口秀俱乐部和组织演出

你不能孤军奋战。

恭喜你，终于全身心地踏上了全职脱口秀演员这条道路！相信现在的你已经每个月有接不完的演出，有了个人专场，甚至马上要加冕新一季《脱口秀大会》的大王了吧？什么，还没有？！好吧，看完这一部分内容，你将马上迎来转机。

假如上面说的那些美好的事情，大部分都还没有在你身上发生，你逐渐明白自己就是一名普普通通的脱口秀演员，不知道什么时候能有专场，也不知道什么时候能红，甚至你已年纪不小，没有精力像那些疯狂的年轻人一样一天疯跑着接 10 场演出，那你在这个行业还可以做什么呢？做老板！

前面说过脱口秀演员除了演出还可以做的 6 种工作，当俱乐部老板，其实可以算是第 7 种工作。

为什么要当脱口秀俱乐部的老板？除了不用等别人来安排自己的演出，当老板最重要的当然就是可以——做真正专业的脱口秀演出啊！你是不是以为我会说“做脱口秀老板可以赚大钱啊”？那我可要违背你的预期了：目前中国有差不多两百家脱口秀俱乐部，大部分老板都挣不到什么大钱，他们获得的收入和正常上班、打工差不多，并且远没那么稳定。所以，如果你只是想好好当演员，本章对你可能帮助不大。但如果你动过当俱乐部老板的念头，那你就可以仔细看看了。虽然我不是中国最早的脱口秀俱乐部老板，但我可能是在中国运营脱口秀俱乐部时间最长的人——从 2013 年开始，我就一直在组织演出和运营俱乐部，现在依然在做这件事。

第 6 章介绍了如何组织自己的开放麦活动，说的是不卖票的开放麦，只算是爱好者之间的聚会活动，这和运营一家俱乐部区别很大。如果你要做售票的开放麦和正式商演，那就是真正的商业运作，一定要注册一家公司。如果你不注册公司，那至少要找到一家有演出资质的演出机构合作。在中国，凡是售票的演出，或者不售票但是涉及商业利益的演出都叫做“营业性演出”。营业性演出的申请主体必须是具备演出资质的公司，否则你举办的就是非法演出，是要被罚款，甚至抓起来的。

接下来，我们就说说当俱乐部老板，举办一场演出总共需要经历的七个步骤。**这七个步骤，少一步或错乱一步都不行**：

第一步，注册一家公司。

第二步，为你的公司取得《营业性演出许可证》。

第三步，找到符合资质的演出场地。

第四步，找到合适的演员。

第五步，去当地文化和旅游局（以下简称“文旅局”）申请审批。记住，每一场演出都必须经过审批。

第六步，售票。

第七步，举办演出，或者取消演出。不要以为这是开玩笑，如果票卖得不好，在演出开始前临时取消并不少见。

第一和第二步为注册公司和取得《营业性演出许可证》，这两件事是举办商演基础中的基础，一定要先行。虽然在开始阶段你可以和其他演出公司合作，但这只是权宜之计，想要长久经营，一定要取得自己的演出资质。这些工作都属于法律程序上的必要步骤，这里就不展开了。当你开始启动时，会有大把代理公司愿意代劳，你准备好费用就可以了。分享过来人刻骨的经验：一定要请代理公司帮你跑这些流程！如果你想省点钱自己去跑，一定会走很多弯路，说不定公司还没开起来，你的热情就耗光了。

第三步，找场地。如果资金允许，你可以租一个空场地，然后花钱将它装修成剧场。若要自建剧场，这对资金实力以及选址眼光都有很高要求。

对绝大部分人来说，刚起步时，最适合的做法是租一个现成的场地，然后在里面举办演出。不管是租赁空场地装修，还是租赁现成场地，最重要的一点是这个场地必须取得《消防合格证》(全名为《公众聚集场所投入使用、营业前消防安全检查合格证》)，否则申请不到演出批文。

依据《中华人民共和国消防法》十五条、七十三条的规定，下列公众聚集场所需要在投入使用、营业前申请消防安全检查：(1)宾馆、饭店；(2)商场、集贸市场；(3)客运车站候车室、客运码头候船厅、民用机场航站楼；(4)体育场馆、会堂；(5)公共娱乐场所(包括：①影剧院、录像厅、礼堂等演出、放映场所；②歌舞厅、卡拉OK厅等歌舞娱乐场所；③具有娱乐功能的夜总会、音乐茶座和餐饮场所；④游艺、游乐场所；⑤保龄球馆、旱冰场、桑拿浴室等营业性健身、休闲场所)。

也就是说，只要取得了《消防合格证》，上述场所都可以举办营业性脱口秀演出。找合作场地时，第一重要的就是确认他们是否有这张《消防合格证》，如果没有，根本就不用考虑了，因为肯定申请不到演出批文。如果要在剧院这种专业演出场地举办演出，需要的就不是消防证了，而是一张《演出场所经营单位备案证明》，这张证比《消防合格证》难办多了，必须是像保利剧院、各个城市的城市话剧院这样的专业演出场地才能申请到，这也意味着持有这张证的场地，租金会更高。

找到了符合资质的场地，需要和他们谈租赁方式。一般有两种：第一是给租金，不管你票卖了多少，租金不变，这是最常见的；第二种是和场地方票房分成，行业惯例是在扣除售票平台手续费之后，场地方拿票房的三到四成，演出主办方拿六到七成。有些比较强势的场地方会要求演出主办方支付保底金额，最后比较保底金额和场地方票房分成金额，收取金额高的那一项。

提到场地，就要说一说脱口秀演出所需要的硬件设施了。在中国，脱口秀演出还远远没有普及，绝大部分场地的灯光和音响都不符合脱口秀演出的要求。购置硬件设施时，以下是需要重点考虑的。

麦克风

一定要买有线的麦克风。不要过于相信场地方提供的无线麦克风，可以去查查它们的品牌和型号，如果一整套无线麦克风不超过 3 千元的话，那一般都是不可靠的，演出时很可能会时不时接收不到信号，影响演出质量。你还不如花几百块钱购置一套可靠的有线麦克风，出故障的概率会小很多。

音响

一套有线麦克风加线材成本不过千元，前提是能接入场地的音响系统。如果无法接入——比如在影院，他们的音响系统是独立的，或者是场地本身的音响质量很低劣，再好的有线麦克风也改善不了音质，那么解决方案就是买一个高质量的拉杆音箱。没错，就是跳广场舞的大妈们用的那种“神器”。调音台和专业音响虽然好，但价格昂贵，而且因为场地不是你自己的，一旦你们结束合作，如何运走和存放这套音响系统将会很令人头痛。12 寸的拉杆音箱价格在 2 千元左右，可以应付 200

人的场地，音质虽然不完美，但绝不至于让观众产生投诉的冲动，性价比很高。

灯光

场地的灯光也是一个常见问题。如果场地没有办法为你改造灯光而做到让演出舞台区域全亮而观众席全暗，最简单粗暴的解决方法，就是购置一个 1 千元左右 600 瓦的 LED 追光灯，演出时将全部场灯关掉，然后用追光灯打着演出区域，让观众席漆黑一片，唯独舞台区明亮。这肯定不是最佳解决方案，因为如果追光灯的位置离舞台小于 8 米，会让演员觉得有点儿刺眼。但这至少是符合脱口秀演出要求的方案。我们用这样的灯光方案已经演出过上千场了，几乎从来没有观众抱怨过灯光问题。请放心使用。

第四步，找演员。搞定场地以后，就要去找适合的演员，这反而是最简单轻松的一步。因为你自己做过演员，知道演员的成本，也能判断演员的水平，找 5 个你认为能够保证演出质量的演员，就可以为他们申请演出批文了。

第五步，申请营业性演出批文。这是一项非常烦琐的工作，你必须向演出场地所在的县级或县级以上文旅局申请。没有批文就是非法演出，会受到非常严厉的惩罚。你总共需要准备 15—20 份的资料。虽然全国各地文旅局要求的文件大同小异，但是文件格式不尽相同，千万不要混用，因表格用错而被打回来的概率几乎是百分之百。

全国各地文旅局的网站上都列出了申请演出所需的材料，你只要一项一项准备好，就可以在线申请。不过，申请材料至少会被文旅局打回来三次——这不是开玩笑，我还没有见过一次通过审批的申请。好在申请批文不用钱，用的是你的时间和精力。多跑几趟，认真地修改工作人员指出的错误，最后总能申请下来。如果自己实在跑不下来，市场上也有代理公司帮你申请，花钱省力气，这也是一个选择。在最后一批材料被接收之后，你应该在一周之内就可以收到批文了。拿着这张批文，就可以售票了。

第六步，售票。除了自己的自媒体渠道，目前俱乐部的售票渠道主要依赖中国最大的两家售票平台：大麦网和猫眼。你要找到这两个网站的当地公司，和他们的客户经理对接。只要你有演出批文，你的演出信息很容易就能在这两个网站上架。这两家都是商业公司，效率很高，且会收取 10%—15% 的手续费。但是，就算上了他们的网站也不一定就能把票卖完，因为在这些网站上架的演出数不胜数，如果你的演出信息排在后面，观众不是主动搜索的话，需要翻十几页屏才能找到，那你的票肯定卖不动。怎样提高你的演出信息在这些售票网站上的曝光量？这里面有很多学问，花钱也不一定能做好，甚至有一些不适宜公开讨论的手段，这些就等你真正开始做演出的时候，再去慢慢琢磨吧——主要是，这个我也不懂啊。

一家正式的俱乐部当然要有自己的微博和公众号来宣传演出，这些社交媒体也有很多售票渠道，比如小程序或是微店。这些渠道的手续费相对低很多，如果你有能力利用自媒体做好宣传，让观众主要在此购票，那当然是上上策。因为这是你的私域流量，不需花佣金。但是，为什么大麦网、猫眼这些收百分之十几手续费的平台仍是大家首选的售票渠道？稍微一想就明白，光靠自媒体卖票并不容易。像笑果文化以及单立人喜剧，光靠自己的私域流量就能快速售罄的喜剧厂牌，全国也就这两家，人家可是花了很大精力，用心投入运营自己品牌的。你作为一家新厂牌，当然也要向着这方面去努力，但是至少在成立初始期，最重要的还是找到方法，怎么用好大麦网和猫眼这些公开的售票平台。

第七步，演出。好了，当你的票卖出去了，到了演出那天，具体该怎么做呢？首先，演出现场必须有一位负责人，我们可以称之为现场导演，这个人很有可能就是你自己，这个职位的职责是对现场的一切情况负责：布置场地、准备灯光与音响、安排检票、带领观众入场、确保演员和主持人按时到场、应对演出过程中的突发情况、散场以后安排观众退场以及恢复场地……每一项工作都不简单，如果有可能，当然可以多请工作人员或者志愿者。但在起步阶段，往往只能一人身兼多职，极端的情况下，甚至只能由一个人来完成上述所有的工作。

如果票卖得不好，演出可能会亏本，有的俱乐部会选择取消演出。这是一种饮鸩止渴的做法，若多次这样，会大大影响俱乐部在演员和观众心中的形象。长此以往，演员将不愿来你这里演出，票房也会越来越差。如果你想做好俱乐部的口碑，那就尽量不要取消演出。

当俱乐部老板并不容易，你不能孤军奋战，必须有人和你一起，只有拥有一个战斗力强大的团队，才有可能办好每一场演出，甚至开分店，举办大型的、几千上万人观看的演出。每个厂牌组建团队的过程都不太一样，最常见的是几位志同道合的演员一起创业，也有一位演员拉来投资人一起创办的。不管什么团队，有一点始终不能忘：一定要注重演出的质量！有时候，可能一场演出的观众很少，在这种情况下，作为俱乐部的负责人，就算亏本，也要把演出按照满场的标准举办下去，千万不能敷衍了事。每一家脱口秀俱乐部都是从一场几十人的演出开始的，只有一步一个脚印，坚持举办高质量演出，最终才能成为受演员和观众称道的品牌。

第 19 章
脱口秀演员和俱乐部如何承接商务演出

虽然脱口秀行业不喜欢称观众为“衣食父母”，但观众确实是需要演员用心对待的客户。

当你成为一名每个周末都有常规商演的演员，且演出效果不错，在观众和同行中的口碑越来越好，就有可能接到一些企业或机构的演出邀请，比如公司年会、开业庆典、客户答谢会，甚至是生日派对等场合的演出。我们把这些演出称为商务演出，或者堂会演出。它们和周末常规商演有个明显不同的地方：观众不需要买票。

堂会演出会让脱口秀演员既爱又恨——爱当然是因

为它的报酬比常规商演高很多，恨主要就是因为很难演。堂会演出难度大主要有以下几个原因。

1. 场地条件：堂会场地和脱口秀剧场差别很大。堂会活动的场地一般都很高大上，通常都是在五星级酒店的宴会厅、花大价钱布置的展览馆、人来人往的商场中庭、流光溢彩的高档餐厅、金碧辉煌的会所大堂，以及气势磅礴的露天广场，等等。但这些花了大价钱布置的场地，几乎都达不到脱口秀表演场地的几个基本要求：密闭的空间、幽暗的观众区域和敞亮的舞台。这些要求其实不高，但主办方往往无法满足，因为脱口秀表演只占整个活动的很小一部分，他们不太可能为了这么小的一个环节去更改现场的大环境。

2. 观众特点：堂会观众没做好看脱口秀表演的准备。参加堂会活动的观众要么从没有听说过脱口秀，要么是不打算在这样的环境下好好欣赏一场脱口秀，因为他们同时还有更重要的事情需要操心。观众注意力不集中对脱口秀的影响是致命的，不管多么出色的演员，如果察觉观众不能集中精神看表演，节奏肯定受影响，笑点也很难出来。

3. 受同场其他节目的影响。堂会上的一场脱口秀演出一般只有 10—15 分钟，且穿插在其他节目之间，这些节目通常包括歌舞、乐器表演、魔术、杂技、内部团建等，都非常热闹，是观众参与度比较高的节目。相比之下，需要观众集中精神欣赏的脱口秀就显得格格不入，演员的表演会受到很大影响。

虽然有这么多不利因素，但因为堂会脱口秀的演出费比常规商演要高几倍甚至几十倍，演员们硬着头皮也会接。由于国内的脱口秀演员基本都没有经纪人，演员们对对接堂会演出的流程也不甚清楚，下面专门就此讲讲，以帮助演员们更顺畅地接到堂会演出。

演员获得堂会演出的途径主要有：1. 观众。看过某演员演出的观众，可能会和演员直接联系。所以如果你愿意接堂会演出，多加入观众的群，不要拒绝观众通过群聊加你微信，这样机会总是会多一点。2. 社交媒体。

演员如把演出视频放到社交媒体上，可能会接到堂会主办方的私信询问（所以保持私信渠道畅通很重要）。3. 同行或朋友的介绍。可以向那些经常有堂会演出的同行咨询，表达自己的意愿。这样做的原因是你不知道自己是否给了人一种“不差钱”的感觉，如果是这样，别人可能会觉得你看不上堂会的这点钱，有机会也不会主动找你。

接到堂会演出邀请后，对方会让你报价。如何报价呢？这是常见的棘手问题。

首先不要轻易报价，因为这里有很多“雷区”。然后，按步骤了解清楚以下信息再做决定。

1. 这场演出的时间、地点、形式、场地条件。

2. 这场演出需要几位脱口秀演员？其他演员是否已经确定？确定了几个？还差几个？如果有其他演员，要问清楚是谁，然后据此判断自己该如何报价。另外，在报价之前，最好能和这些同行互通信息。

3. 如果这场演出只邀请一位脱口秀演员，并且主办方指名要你，那就务必问清楚对方对你有多了解。他们是看过你的现场演出还是只是看过视频？或仅仅是慕名而来？这些信息都将有助于你提出合理的报价。

以上因素都考虑清楚之后，演员心里将有大概估计。一般来说，一场堂会演出的报价不应低于自己全天满档期常规商演的报酬之和。因为在一场堂会上虽然只需表演 15 分钟左右，但演员要花的时间远不止于此，路上往返、排练、准备，这些加起来常常会用去大半天。很多演员大半天就能跑五六场演出，以此为参照，再加上堂会演出的难度系数，就能算出一个理想报价。

一般来说，那些主动给你报出演出预算的主办方都是比较靠谱的，他们邀请你来演出的诚意也比较足。即便如此，仍然不要轻易报价。堂会演出一般需要两三名演员，对不善于和主办方打交道的演员来说，最好的做法就是接到邀约之后，找一个和自己关系比较好，也有承接堂会演出经验的俱乐部负责人，委托他来商谈具体的演出安排。因为堂会演出需要演员提供演出费发票，甚至需要演员承担一部分统筹安排的工作，这些工作对个体演员来说有一定难度。如果把它们交给一位有经验的俱乐部负责人，你只需讲清楚自己期望的演出费，剩下的交给俱乐部负责人去谈，自己全力准备演出即可。

曾有某演员接到一场堂会演出的邀请后，报了一个自己还算满意的价格，没想到对方一口答应。后来他知道这场演出还有其他演员，他们拿到的演出费都比自己高，这让他觉得很难受。遇到这种情况该怎么办呢？这个局面与甲乙双方有关：甲方通常为了节省成本，能少给一点儿是一点儿；乙方报价时欠考虑，也没有做好沟通，导致了收入不公和心理落差。但演员是不是应该据理力争，争取同工同酬呢？这不能一概而论，如果其他演员的市场评价真的比你高，你去争取很有可能自讨没趣。就算大家的水平和市场评价都差不多，你最好也要先了解清楚甲方的行事风格与特点，再决定是否去争取，因为如果争取了也无下文，你心里可能更不痛快，到时带着情绪上台，说不定也会受影响演出效果。遇到这种情况，还不如闭口不提，认真地准备演出，在舞台上大放异彩，让甲方觉得你真是超值。如此一来，下次合作一定会谈成双方都更满意的价格。

最后，要谨记一点：在演出开始前至少要拿到 50% 的演出费，并且和客户说明，演出完当天付清尾款。这点虽然往往很难做到，但一定要写进合同。

对俱乐部来说，只要常规演出质量够高，售票情况良好，就经常能接到一些非常规的商务演出邀约。特别是在年末，这类商务演出的需求量会比平时多很多。假如你是一家俱乐部负责人，该如何应对这些非常规的演出呢？

1. 团购。有些企业会一口气买几十张票，请他们的员工或者商业伙伴来看演出，这种我们称之为团购。这种情况，票价可以给一定优惠，不需要为这些观众做特别准备，当成常规商演即可。如果客户有一定的要求，也可适当满足，比如让主持人在台上提一下公司的名字，或者特意和他们互动一下，或者在最后合照时特意和他们多拍几张照片，诸如此类。

2. 包场。包场演出意味着整场观众都是某个企业的员工或其客户，不能再向别的观众售票。对于包场演出的客户，除给他们团购观众享受的服务外，演出方一般还会提供一些定制服务，如现场展示客户横幅之类的宣传物料，提供演出冠名，让主持人和演员口播介绍，等等。因此包场的价格应比常规商演高一些，至少要等同甚至高于演出票售罄的票房。如果客户要指定演员和定制内容，那价格会高很多。

以上两点的共同点是，演出都在俱乐部的原有场地举办，时间一般也是俱乐部的日常演出时间。

3. 堂会。指俱乐部根据客户需要的时长，到客户指定地点进行的表演。如果客户没有明确预算，俱乐部的报价一般都将依照既定标准，通常以分钟计算。如果演员和俱乐部没有签规定演出收入分配事宜的经纪合约，俱乐部会从总演出费里抽取一定比例的佣金。俱乐部能提供的服务包括商务谈判、开具发票、催收款项、安排演出与保证质量、确保演员按时到场、确保演出费按时按量发放等。

再来说说演员和俱乐部如何增加商务演出机会。

对于演员来说，要做到以下几点。

1. 要有一套非常“干净”的 15 分钟段子，能适应大多数商务演出场合。段子的内容要符合法律法规的要求，切记不能有“屎尿屁”、性、情色、脏话等重口味元素，太偏重于个人经历的故事型段子也不是很适合。简单来说，商务演出的内容尺度，差不多等同电视综艺节目的尺度，请好好打磨自己的内容。

2. 要制作一套精美的个人介绍材料，里面包含自己的基本信息，所获荣誉，代表作品，表演特点（如能否主持、能否作开场表演、是否善于互动、能否用多语种表演、所讲内容是否老少皆宜）等，还要有自己在各种场合演出的照片。文档最好做成 PDF 格式，大小不要超过 5MB。

3. 要拍摄几张精美的数码艺术照片，可放到个人介绍中，也可发给主办方，用以制作高清海报。发给主办方的个人照片大小不能少于 1MB。特意说明一下，要掌握在社交软件里“发原图”的技术，不少演员对此并不清楚，发的照片常常清晰度低，以致来回确认，浪费时间。

4. 要制作一段效果出色的演出视频，长度为 3 分钟左右，画质和收音要清晰，并配上字幕。另外，最好有片头片尾，并把自己的名字、社交媒体账号以及联系方式都放上去，便于别人联系自己。

5. 要准备一套适合商务演出的服装。常规商演不讲究着装，但商务演出有一定要求，其标准和上电视综艺节目差不多。就算再不讲究的演员，也要为商务演出准备一套服装，拖鞋、短裤、皱巴巴的衬衫，这些都非常不合时宜，一定不能出现在商务演出场合。

以上是对演员个人的要求。对俱乐部来说，要做到以下几点。

1. 要有明确的报价标准。俱乐部应花时间整理本章前面提到的商务演出报价标准，以便在客户询问时明确提供，这样既有利于提高效率，也有利于筛选合适的客户。

2. 要准备好几位常派演员的图文和视频介绍资料，以便客户挑选。

3. 要准备好俱乐部的介绍资料，包括以往演出照片、成功案例、常派演员简介、社交媒体账号和短视频账号等。

4. 要准备好俱乐部的商务资料，如营业执照、营业性演出许可证、银行账号、银行开户证明（这是很多大公司要求供应商必须提供的）等，以便客户推进内部审批流程。

5. 要准备一些堂会演出场地布置的样板方案及其照片，说服客户尽量把场地布置成适合脱口秀表演的环境。

最后，说说演员该用什么心态对待堂会演出。

一般来说，堂会演出都很难出好的效果，有些自我要求很高的演员，在堂会表演完后往往会心情低落。此时，演员要摆正心态，因为堂会甚至不属于喜剧赛道上的演出，所以不要太在意这种演出的效果。到了现场，拿出职业演员的精神，不管发生什么情况，不要临阵退缩，不要提前下台，不要垮着脸面对观众和客户，坚持演完，这是当演员最基本的要求。虽然脱口秀行业不喜欢称观众为“衣食父母”，但观众确实是需要演员用心对待的客户。

第 20 章

脱口秀演员和俱乐部如何经营短视频号和播客

喜剧是短视频中最受观众欢迎的内容之一。

现在是短视频时代，几乎人人都在刷抖音、快手、微信视频号、B站等平台上的视频。脱口秀演员和俱乐部如果能把自己的短视频账号经营好，将会得到很多好处。喜剧是短视频中最受观众欢迎的内容之一，按道理来说，脱口秀行业应该正好大展拳脚，但现实情况是，业界能经营好自己短视频账号的少之又少，抖音上达到百万粉丝的账号仅有几个，能做到十万粉丝以上已经算是出类拔萃了。而同时，短视频平台上又有不少粉丝众多的所谓“脱口秀演员”，其实根本就不是真正的脱口秀演员，他们甚至连开放麦的舞台都没上过！

这种现象为什么会发生？原因众说纷纭，涉及很多传播学原理，但我在此并不是要讨论如何涨粉，因为我不是这方面的专家。本章前半部分将用很少篇幅，分享一下做得比较好的账号是如何经营的。

第一，要选择合适的平台。从目前业内的常见选择来看，一定要开通的是抖音和微信视频号，任何更新都要在这两个平台同步进行。如果有余力，小红书和 B 站也要同步，然后是微博。至于快手，目前业内似乎未将其当作主战场，你可以根据自己的需要来选择。

第二，短视频内容应以互动出梗为主。而很多演员都只更新自己的段子，却忽略了和观众互动出梗的内容。本书在谈主持技巧的第 14 章中，说了一些和观众互动的技巧，虽然我个人不是很喜欢互动，但事实证明，那些有效果的互动内容在短视频平台上很受喜欢，也最能让从没看过线下演出的观众产生“去看一看”的冲动的。比如，主持人问观众“你是单身吗”，观众反呛一句“别问了，你配不上”，现场一定会哄堂大笑，这一段如果清晰地录下来了，放到抖音上，应能引来不少人观看。如果你没有太多互动内容，那在选择段子时，要尽可能选择短平快的段子，铺垫和笑点的反转越快、差距越大，越能让观众产生与预期违背的感受，点赞、评论和转发也会越多。感兴趣的朋友可以去研究一下付航脱口秀、小 Xin 脱口秀、Norah 脱口秀、大风天喜剧、见笑喜剧这些账号，上面有很多短平快的段子以及与观众互动的内容。

第三，要尽可能保持有规律的更新。短视频需要投入拍摄和剪辑的工作量很大，别说日更，脱口秀演员能长时间做到周更的已属凤毛麟角。

对于演员个人来说，如果做不到经常更新，那么在抖音、微信视频号和 B 站放几条自己时间稍长一点儿（3—5 分钟）的高质量段子是非常有必要的。因为这两个平台的内容转发方式简单、友好，最适合通过微信转发给有需要的人观看，为自己带来潜在的演出机会。

对于俱乐部来说，应该将定期更新短视频当作一项值得投入人力、物力去做好的工作。同时，俱乐部发布内容时要有版权意识，不能因为某演员在你的俱乐部表演，就可以随意把他 / 她的内容发布在俱乐部的账号上；一定要事先征得本人的同意，否则很容易发生纠纷。如能主动发一份视频素材给演员确认，则不但能获得演员的尊重，还因为演员往往也会重新剪辑这些素材，发布在个人账号上，使得传播范围进一步扩大。另外，万一因为审核不严而发布了有抄袭行为的内容，要及时删除，并应惩罚相关演员，维护好俱乐部的声誉。

以上三点，对于演员或俱乐部经营短视频账号来说都是通用做法。

如果说俱乐部和脱口秀演员做短视频是为了流量和知名度，那么做音频播客，目的则纯粹得多，更多的是为了表达自我。

目前我们常说的播客，一般指自媒体电台节目。在国内，可以通过喜马拉雅、网易云、QQ音乐、荔枝等平台来发布和收听播客，听众也可以通过苹果播客、小宇宙、汽水儿等第三方app（正式称谓为“泛用型播客客户端”）来收听。

国外的脱口秀演员几乎人人都有自己的播客节目，有些已经做得非常有名了。比如鼎鼎大名的乔·罗根，他的播客*Joe Rogan Experience*从2009年开播至今，包括世界首富埃隆·马斯克在内的许多名人上过其节目，每期收听量达几百万人次。2020年，流媒体巨头Spotify以1亿美元的价格把*Joe Rogan Experience*收归旗下，成为其最受欢迎的播客节目。

相信很多人都看过著名脱口秀演员比尔·伯尔（Bill Burr）的脱口秀视频和专场，但是很多人不知道他还有个非常著名的播客*Bill Burr's Monday Morning Podcast*，其在全世界有几十万的订阅者。

更著名的是脱口秀节目《柯南秀》（*Conan*）的主持人柯南·奥布莱恩从2018年开始做播客*Conan O'Brien Needs a Friend*，影响力已经直逼《柯南秀》。

以上都是英文播客，中文脱口秀演员目前有谁在做播客呢？数量之多将超出你的想象。国内最早做播客的脱口秀演员是周奇墨、石老板和小鹿，他们在 2016 年做了《一言不合》；刘旸教主在 2018 年做了《教主的无聊斋》，不久后，他的同事，同为脱口秀演员的博博和六兽加入该节目，成为联合主持人，节目也更名为《无聊斋》，目前为止在喜马拉雅的总收听量已经超过 2,200 万人次，成为最多人收听的中文脱口秀演员主持的播客节目；喜剧联盒国的创始人，脱口秀演员 Storm 徐风暴在 2017 年也开始单人录制播客《伐要去管它》，并将其当作最原生态的个人表达渠道；我在 2019 年初也把原来以说段子为主的音频节目《说的全是梗》改版为播客，并获得喜马拉雅"中国有播客"比赛的泛娱乐类一等奖……从 2019 年开始，国内开设播客节目的脱口秀演员越来越多，如啸雷，有《聊什么聊》；毛冬，有《基本无害》；李梦杰，有《可否一说》；等等。

以公司或俱乐部名义开设播客节目的有笑果文化、单立人喜剧、喜剧联盒国、硬核喜剧、置顶喜剧、福立社喜剧……据此来看，中文脱口秀演员将逐渐向国外看齐，几乎人人都会拥有自己的播客节目。

脱口秀演员到底为什么要开播客呢？在我看来，主要有以下几个原因：

第一，释放表达欲。

这应该是自发做播客的最原始动机。相对于耗时耗力的视频，只需要对着手机里的录音 app 就能完成录制、后期剪辑和上传发布也很简便的音频播客，其制作难度实在是太低了！只要你有话想说，或者遇到了适合一起聊的人，随时随地都能完成一期播客节目的录制。对于表达欲满满且希望分享想法的脱口秀演员来说，播客是最佳的思想输出阵地。

第二，打造品牌。

国外的脱口秀演员偏重于在播客里打造个人品牌或人设，例如比尔·伯尔，这位 2007 年就在费城的脱口秀巡演里即兴骂了观众 12 分钟的怒汉，在自己的播客里也是怼天怼地，犀利吐槽的风格非常明显，爱听他播客的听众很多都成为了他线下演出的拥趸。

而中国的脱口秀播客则有非常明显的团体风格。首开风气的是笑果文化的《车间访谈》和单立人的《谐星聊天会》，以及后来居上的喜剧联盒国的《嘻谈录》，它们采用的都是带观众录制的方式，几位脱口秀演员围桌谈话，周围有一圈观众，就像我们在情景喜剧里看到的那样。观众的笑声和反应都实时收进节目里，营造出非常欢快的现场氛围。

这样的播客，对于树立个人和俱乐部的品牌非常有帮助。播客做得好，不但能带动线下脱口秀演出的票房，还能对外售卖播客录制现场的门票，成为俱乐部的另一项创收产品。这也难怪越来越多的喜剧俱乐部开始做类似《谐星聊天会》这样的播客节目，它们甚至有变成俱乐部标配产品的趋势。

第三，获得收益。

和微博、公众号、短视频号等其他自媒体一样，只要有足够多的订阅人次和收听人次，播客也可以直接获得收益。通常有以下途径：

- 通过平台的贴片广告获得收入。虽不多，但完全不需要主播操心。
- 通过在节目里植入广告或口播广告获得收益。
- 通过导流给电商平台获得带货分成收益。
- 通过付费订阅或付费节目获得收益。
- 通过签约成为平台的独家主播，获得平台的签约收益。（适用于自带流量的明星主播。）

看到这里，可能还有人会说："道理我都懂，但到底要怎么开设播客呢？"

好吧，给你推荐一本小书（真的是"小书"，因为只有巴掌那么大，全书16,000字）：美国著名播客主播奥兰多·里奥斯（Orlando Rios）写的《从零开始做播客》。看完你就知道怎么做一个"零"，不，知道怎么做一个播客了。

下面给大家简单总结一下如何在国内最大的音频网

站喜马拉雅上开设播客。

1. 注册账号。

2. 上传录制好的音频内容。在喜马拉雅的个人主页里，你可以建立很多个专辑（相当于文件夹），用于上传、存放不同的内容，比如有些专辑专门聊喜剧，有些用来放个人心情独白，便于不同的听众收听。你如果精力有限，那就只开一个专辑，并全力去经营好它。

3. 定期更新，积极推广。只有定期更新，你的播客才有可能吸引更多的听众。与此同时，还有很多推广播客的方法，比如，强行让你的朋友订阅……喜马拉雅网站有个“新手入门”板块，能让你了解到一些基本的推广方法。

4. 生成播客 RSS。除了使用音频 App 收听播客，更多人使用一种被称为泛用型播客客户端的 App，这种客户端包括大名鼎鼎的苹果播客（苹果设备自带的 App，它的英文名就是播客的英文名 podcast），以及近年非常有名的小宇宙 App 等。如果你希望自己的播客被人用泛用型播客客户端收听，你需要为自己的播客生成一条

RSS 链接（RSS 为“really simple syndication”的缩写，意为“简易信息聚合”），这个链接相当于网址，不过读取它的是播客客户端而不是浏览器。生成 RSS 链接的方法有很多种，其中最简单的是在喜马拉雅网页版“创作中心”板块里找到“podcast 托管”这一页面，按照上面的指引填写信息。这样，通过简单几步，你就能获得自己专辑的 RSS 链接。有了它，你的播客就可以在全世界的泛用型播客客户端上被人收听了。

最后说说做短视频和播客需要什么基本软件和硬件。上面关于如何生成 RSS，以及下面的软硬件指引的内容仅针对非计算机相关专业的人士，专业人士就不要来“较真”了——不过，据我了解，目前国内做短视频和播客的脱口秀演员都是非专业人士。

1. 视频硬件。

对于需要到处赶场的脱口秀演员来说，携带较为笨重的专业摄像机不太现实。现在普通手机拍出来的效果也足够好，这对场地的灯光照明有一定要求，要尽量选择那些舞台灯光明亮的场地。以个人经验来说，iPhone 手机的视频拍摄效果优于几乎所有使用安卓操作系统的手机。

2. 视频软件。

抖音官方的剪映 App 是最方便的手机端视频剪辑软件，剪映的电脑端功能更强大。苹果自带的 iMovie 也是很多人使用的视频剪辑工具。

3. 音频硬件。

无线麦克风：拍摄脱口秀视频时收音非常重要，最好为自己的拍摄设备配备无线麦克风。自媒体人使用最多的无线麦克风是罗德（RODE）的 Wireless Go（一代和二代的价格分别约 1,600 元和 2,500 元），大疆的 DJI Mic（约 2,300 元）也常被选用。这两款无线麦克风可以适配所有的专业摄像机和手机。如果不需要这么专业的设备，任何一款两百元以上的无线麦克风，收音效果也比手机自带的麦克风效果好很多，购买时注意适配手机接口即可。

4. 录音器。

录制单人播客，最简单的录音器就是手机自带的录音 App。录音时使用无线麦克风或戴着内置麦克风的有线耳机，会比用手机底部的麦克风效果好。

录制多人播客时，一定要使用专业录音器。国内播客制作者最常使用的几款录音器是：ZOOM H5/H6（约 2,500/2,800 元），ZOOM P4（约 1,700 元）。为了更好的收音效果，这几款录音器都应该额外配备**有线动圈麦克风**进行收音。我推荐如下几款麦克风：舒尔 SM58S（约 700 元 / 支），森海塞尔 XS1（约 300 元 / 支），得胜 DM2300（约 170 元 / 支）。动圈麦克风的接口都是 XLR 接口（卡农口），一般还需要另外购置单独的公转母 XLR 线才能与上述录音器连接（约 60 元 / 米）。

使用专业录音器录音时需要戴上**监听耳机**，这样才更能确保录制的声音大小适合，不会过小或过爆。监听耳机的价格从一百多元到上万元的都有，入门级的可以考虑 TASCAM TH-02（约 240 元）、森海塞尔 HD-200 Pro（约 400 元）、索尼 MDR7596（约 750 元）。进阶版可以考虑罗德 NTH-100（约 1,500 元）和 AKG K175（约 1,400 元）。

如果你追求更专业的录音效果，可以考虑罗德专为播客开发的一体化录音工作台 CASTER Pro，价格在 5,000 元左右，如配上四支动圈麦克风和线材以及监听耳机，价格需要近万元。

麦克风与录音器的选择非常多，价格从几百元到几万元的都有，这是录制播客的硬件设备里最值得投资的部分。虽然最低的投资仅需要一部手机即可全部完成，但如果坚持做播客，你对录音音质的要求会越来越高，最终也会入手上述设备，甚至追求更专业的录音设备。

5. 录音编辑软件。

利用录音器录制下来的原始音频，需要在软件上进行剪辑才能成为最后的播客作品。苹果自带的库乐队软件是最好的免费音频剪辑工具，付费软件里最常用的则是 Adobe Audition（简称“Au”），这些软件都需要一定时间的学习才能熟练掌握。

第 21 章

如何在你的城市举办大型喜剧节

究竟哪个城市能首先举办一届大型喜剧节呢？让我们拭目以待吧！

近年来，欣赏音乐节成为越来越多年轻人的娱乐选择，其门票价格也水涨船高。周末去音乐节开心一下，已成为一种潮流。在国外，喜剧节和音乐节一样，也是一种非常流行的娱乐活动。全世界不少国家每年都会举办喜剧节，其中影响力最大的三个喜剧节分别是澳大利亚的墨尔本国际喜剧节（Melbourne International Comedy Festival）、加拿大的蒙特利尔国际嬉笑节（Montreal Just for Laughs）和英国的爱丁堡国际艺穗节（Edinburgh Festival Fringe）。这些喜剧节通常持续两周甚至一个月，活动期间，整个城市里每晚举办的喜剧演出有时多达数百场。

虽然国内的喜剧爱好者可能知道这些喜剧节，但很难有机会到现场体验；这些喜剧节的详细报道，在国内媒体上也很难见到。就算能阅读到相关的海外英文报道，也无异于望梅止渴。在这种情况下，如果我们能在国内举办与之媲美的喜剧节，对于喜剧爱好者与从业者来说，无异于一大盛事。

到目前为止，中国尚未举办过影响力巨大的专门喜剧节。在大部分过往的“喜剧节”上，喜剧多以话剧的形式出现，比如北京喜剧艺术节。虽然举办过四届，但尚未有如脱口秀等话剧形式以外的喜剧参与。截至 2021 年已经办到第七届的上海国际喜剧节，从 2017 年起陆续有脱口秀为主的团体参与，至 2021 年达到顶峰：共有 12 家来自上海的以脱口秀为主的喜剧俱乐部参加，其中包括猫头鹰喜剧、乐合喜剧、Hahaland、六六喜剧、橘子喜剧等。但这些喜剧节上的主角仍然是话剧团体——这类“喜剧节”，本质上还是更偏向于“喜剧话剧节”或“喜剧戏剧节”。

截至 2022 年初，全国有差不多两百家喜剧俱乐部，并且已经有俱乐部在自己所在城市成功举办过小型的比赛或喜剧节，这些活动主要有以下三类形式。

第一类，以单个喜剧俱乐部名义举办的喜剧比赛。这类比赛面向全国招募个人参赛者，它们同时也是演出，大部分都公开售票。有些俱乐部会将脱口秀比赛和新喜剧（漫才、即兴、素描喜剧）比赛同时举办，部分比赛还进行网络实时直播，赛后也会剪辑成精华视频播出。

这种类型的喜剧比赛，主要有笑果文化的 TIGHT 5 比赛（上海）、单立人的原创喜剧大赛（北京）、一支麦的原创喜剧大赛（南昌）、喜剧联盒国的“王炸”喜剧大赛（上海）。

第二类，是单个喜剧俱乐部举办的厂牌演出与个人演出混合的喜剧节，其既面向全国招募个人参加者，也接受各地俱乐部以厂牌名义参加。这类喜剧节是纯粹的演出，公开售票，最后不决出名次。

这种类型的喜剧节，如 2015 年北京脱口秀俱乐部举办的首届中国脱口秀艺术节（北京）、2019 年由过载喜剧举办的接励城市喜剧节（成都）。

第三类，由媒体或第三方公司举办的喜剧比赛。其目的一般是为了做一档电视节目。

这种类型的喜剧比赛，主要有 2017 年由爱奇艺举办的中国职业脱口秀大赛（北京）、2021 年的首届东北脱口秀大赛（沈阳）、2021 年的大湾区脱口秀大赛（深圳，2022 年举办了第二届）。

上述提到的喜剧比赛或喜剧节，严格来说不算真正意义上的喜剧节。因为它们覆盖范围较小，场次较少，囊括的喜剧类型不够丰富，举办的活动较为单一，现场参与的观众数量也不多。综合国内外的经验，如果要举办真正的城市喜剧节，至少需要满足以下几点要求：

- 面向全国甚至全世界招募个人与俱乐部厂牌的参加者。

- 要有贯穿整个喜剧节期间的比赛，最后决出个人或厂牌排名。
- 要有多样化的非比赛性质的演出，比如拼盘演出、个人专场、专题演出等。
- 要有两个以上的演出场地，包括主赛场与分赛场。
- 要有超过三分之一的当地俱乐部厂牌参加。
- 要有公开的行业论坛。
- 最好能取得当地主管部门的支持。

可以预测，近几年来，随着国内脱口秀行业的壮大，国内喜剧爱好者的基数越来越大，相关喜剧比赛举办的频率也越来越高。结合前文介绍的这些大型喜剧活动的例子，我们进一步思考，一座城市如何举办一场以脱口秀为主，以漫才、即兴和素描喜剧等新喜剧形式为辅的，具有较大影响力，令多方满意，且取得理想口碑与票房的喜剧节。

以下关于举办“去南方”喜剧节的策划案为我的个人设想。该方案综合了上面三类喜剧比赛的形式，并尽力更全面、更完善。如有雷同，那肯定是从我这里学走的。

喜剧节名称：“去南方”喜剧节（Go South Comedy Festival）

举办时间：每年元宵后的第一周（2 月至 3 月之间，春运结束后）

举办地点：深圳

之所以选择此时举办，首先是因为，春节后大部分的北方城市还处于春寒料峭之中，演出尚未完全恢复，但地处亚热带的深圳却非常温暖，气候宜人，这对于作为行业主流的北方演员有很大的吸引力。再者，深圳每周有超过 15 家喜剧俱乐部有规律地举办演出，有足够的能力承接来自全国各地的演员的演出安排工作。另外，由于国内喜剧节尚在探索与发展阶段，我们可先做好品质，将影响力做大，为将来举办像墨尔本国际喜剧节一样的盛大活动打好基础。

贯穿整个喜剧节的比赛安排：

主办方从全国严格筛选 30 名高水平参赛者来深圳，周一，将参赛者安顿好后，并告知后续比赛安排。

周二，30 名参赛者分组在三个场地进行初赛，决出 16 名复赛选手。

周三，16 名复赛选手分组在两个场地进行比赛，决出 8 名决赛选手。

周六，8 名决赛选手在主赛场进行决赛，决出总排名。

多样化、非比赛性质演出的安排：

周一、周二，全国各地喜剧演员在深圳集合，分别参加当地多个俱乐部的开放麦，熟悉当地观众的特点。

周三、周四、周五，安排各个阶段比赛落选的选手到各个俱乐部进行拼盘商演。

周三到周六，安排前来观赛但未参赛的资深演员（包括评委）在各个俱乐部举办个人专场表演。

周三到周日，安排外地俱乐部厂牌的商演。同时安排各种专题商演，如女演员专场、年轻演员专场、老炮儿专场、南方 / 北方专场等等。

公开的行业论坛的安排：

喜剧节举办期间，可挑选合适的时间举办各种主题的行业论坛。讨论的话题可以围绕脱口秀及其他新喜剧等尽量丰富的喜剧类别展开，包括脱口秀演员的职业化道路、演员该如何与俱乐部签订经纪合约、女性在脱口秀行业的发展、针对抄袭问题的行业规范、如何与“不讲武德”的厂牌共处、线下俱乐部往线上发展的可能性、脱口秀演员与俱乐部如何运营自媒体 / 短视频号 / 播客、商演的行业共识、自建剧场的经验分享、脱口秀行业协会的可行性探讨……

除此以外，如何把整个喜剧节的活动做成线上内容，也可以提前策划和组织。比如比赛的线上直播、比赛内容经过剪辑后的平台上线、自媒体达人的现场直播、与现场活动结合的播客……，甚至可以把整个喜剧节拍成一部纪录片。这些都值得好好规划。

在自己的城市举办全国性质的喜剧节，并不是一件十分复杂的事情。任何大城市，甚至是连成熟喜剧俱乐部都没有的三四线城市，都有举办全国性喜剧节的可能。不妨大胆地预测一下，究竟哪个城市能首先举办一届与上述设想接近的喜剧节呢？让我们拭目以待吧！

后记
Afterword

2015年，我和程璐、梁海源共同翻译的《手把手教你玩脱口秀》出版，这是国内第一本教授脱口秀的中文书籍，在当时的脱口秀演员中掀起了一小股热潮。不少人在介绍我们时都会说：“是他们写了《手把手教你玩脱口秀》这本书。”我们每次都会很紧张地解释：“不是我们写的，只是翻译，只是翻译！”对方为了化解尴尬，就会说：“没事，你们以后也写一本！”

写书的念头从此就植入了我的脑海。

今年年初，杭州的脱口秀演员笑笑找到我，说他在帮腾讯视频网站找一些优秀的视频培训课程，在看过我写的培训文章后，觉得由我来做面向脱口秀新人的培训非常适合。他用一句话打动了我：“洛宾老师，我觉得你的课程相当可以！”

当我花了三个月时间把几万字的课程写完后，我才知道，笑笑的公司就叫“相当可以”。

课程上线以后，配套书籍的出版也变成了一件顺理成章的事。成书的过程没什么曲折，本书的编辑曾联系我，想让我写一本与我的脱口秀生涯有关的书，当时由于阴错阳差的原因没有和他们达成合作。买卖不成情意在，这次我拿着新书稿去找他们，不知道他们是不是认为我有“火”的潜质，总之一拍即合，书很快印出来了。

我曾经翻译过三本书，这是我自己写的第一本书。我以前还特意写过一条段子。

我翻译的第一本书是一本育儿书，书名叫《好女儿全靠爸爸教》。书刚出版的时候我专门去书城看了。第一次看到自己的名字印在书的封面上，好自豪啊，忍不住拿出笔给每一本书都签上名字。

那天我的书创纪录地卖了一百多本，全都是我自己被迫买回去的，还不给我打折！

我前几天又去书城看了，书还在卖，只剩一本了。我和店员说，这书销量这么好，谁翻译的啊？店员说：也不是啦，就是几年前有个傻子一次买了一百多本……

我说兄弟，你怎么说话的？我就是那个傻子！你要签名吗？！

如果你是看完了整本书才读到这里，记得按照书里的方法，分析一下这里面每一条段子的铺垫、笑点和前提哦，还可以猜一猜真实的故事原型是什么样的。

既然连后记都在看，可能你们对作者还是有一点点兴趣的吧？我和大家分享一下我在脱口秀这条路上的一些事情吧。

先来一段流水账：我从 2012 年开始经常登台练习讲脱口秀；2013 年，我和程璐、梁海源一起在深圳创办了逗伴脱口秀，并开始共同翻译《手把手教你玩脱口秀》；2015 年，逗伴脱口秀的全体骨干成员都去了上海笑果文化，成为这家公司的第一批艺人兼编剧；2017 年，我从笑果文化辞职，在上海创办木更喜剧；2019 年，我回到深圳，专注音频播客、编剧和喜剧培训；2020 年，我重新开始在深圳做脱口秀演出，直到现在。

我在喜剧领域的第一次真正创业，是 2017 年 8 月成立木更喜剧。那年 4 月，我离开工作了 19 个月之久的笑果文化，从上海回到深圳。我本以为自己会从此进入自由职业的状态，没想到几个月后，一位圈外的老板找到我，投资成立了木更喜剧，于是我又回到了上海。老板的想法很明确，木更喜剧要做线上节目。

不幸的是，公司刚成立就遇到了 2018 年那个喜剧综艺的寒冬，我们当时挣扎着做了一些节目样片，打磨出了一套情景喜剧《联合办公室》的剧本，最后只有一个小脱口秀节目《说的全是梗》在爱奇艺上线了一季，而且毫不意外地没赚钱。后来我把这个节目转成了音频播客模式，取了同样的名字，放到喜马拉雅上，至今运营得不错，还获得了一些奖项，如喜马拉雅 2018 年的“十大潜力新声”、今年的“百大播客”等等。播客行业在中国发展虽然也超过 10 年了，但一直还处于“春种一粒粟”的阶段，那个可以收万颗子的秋天，不知道什么时候才会到来。

2019 年，我终于回到了深圳。毕竟家在这里，女儿刚上小学，作业辅导大战一触即发，夫妻必须同场作战。还好，大部分的编剧项目都是在启动之前才需要碰面开会，之后只要按时交稿就行，我远在深圳也可以把工作做好。

从那时开始，我成了一名真正的自由职业者，虽然木更喜剧还在运营，我还在不停地接编剧活儿，也在组织演出，但内心有了一种真正自由的感觉。

回顾自己的脱口秀生涯，我不知道是从哪一刻起坚定了把脱口秀作为终身职业的决心，一路走来，有很多时刻深深地印在脑海里，任何时候都能跃然眼前。

“冯立文的第一次登台是2011年底，5分钟的时间里，没有人笑……作为一个好胜心很强的人，第二周他又上场了，还是没有人笑。第三次，还是同样的结果。接下来是，第四次，第五次……他是少有的扛得住冷场打击的人，他清晰地记得，直到第七次表演，才算是听到了非礼节性的真正的笑声。”

这是中国著名特稿记者谢梦遥在他第一篇关于脱口秀的文章里对我的描写（冯立文是我的本名），刊登在2015年5月刊的《亚洲周刊》上。这是真事。很多脱口秀演员都不记得自己第一次登台的情景，而我记得清清楚楚，因为我喜欢写作，有记录日常生活的习惯——我还在豆瓣阅读开了一个流水账式的专栏，取名《中国脱口秀演义》。从2011年底到今天，我把自己每一次演出和开放麦的稿子都按日期命名，存放在一个个特定的文件夹里。

我第一次上台讲脱口秀的时候，离自己35岁生日只有一个月，如果那天讲完那个冷到结冰的开放麦之后，有人过来告诉我："冯立文，脱口秀是你一生的事业，今天是第一天，加油哦！"我一定会微笑着对他说："哦你MA@#*¥^%!!……"

"下面要上场的这位演员叫洛宾，他是我们当中年龄最大的。请大家多给他一点掌声，毕竟他的脱口秀看一场少一场了！"

这是我上场表演之前，主持人最常用的介绍辞。

"洛宾脱口秀的最大特点，就是说话中气很足！"嘲笑我的段子不好笑，或者嘲笑我没有天赋，是我刚开始讲脱口秀的前三年，同行们的一个惯用套路，因为这样做几乎不会产生任何不良后果——不用担心我生气，不用担心我玻璃心，更不用担心我会打击报复。在他们心目中，我是一个心理素质极强的家伙，换言之，就是我的脸皮极厚。进言之，只要用这种方法嘲笑我，几乎一定有喜剧效果，这个套路就像嘲笑某网红的丑一样，信手拈来，屡试不爽，而且完全不用担心我不爽。对我更熟悉的演员喜欢用一个更亲近的方式，称呼我为“事务性人才”。这个说法出自演员老超，因为在最初加入的脱口秀俱乐部里，我做了很多事务性的运营工作，成绩卓然。当我们另立山头创办逗伴脱口秀时，老超曾质问那个俱乐部的负责人：“为什么不挽留洛宾这么好的事务性人才？！”从此，“事务性人才”在脱口秀界就成了脱口秀说得不好的代名词，连国际友人大山都曾在群里调侃我：“不要因为创作而耽误了事务性工作。”

对于这些嘲笑，我毫不在意，又很在意。

在这一行做得越久，越明白天赋的重要性，用一位电视行业前辈的话说，天赋是“老天赏饭”。我很明白自己语言天赋和表演天赋的不足，起步又晚，已经形成了极其稳固的三观，想在脱口秀的舞台上成为一名表演艺术家，道路崎岖无比。明白了这一点，我才会对那些善意或恶意的嘲笑毫不在意。

但我在意的是，什么时候能让这些嘲笑变得没有意义？我不想告诉你我有多努力，因为“你知道他有多努力吗”这种理由只适用于帮你辩护的粉丝；而我，没有粉丝。

真正鼓励我在这条路上前行的动力，只有我自己知道。脱口秀之路确实带给我很多痛苦，但这是一种恨铁不成钢的苦，不是悲情的苦。我也不喜欢用“坚持”来形容自己在做的事，如果一件事需要坚持才能进行下去，那你肯定不是真心喜欢它吧？我曾经是一名狂热的足球迷，回想一下，当年每个周末花那么多时间去踢球，我有想过自己是在“坚持”吗？难道坚持下来，我就可以去踢英超吗？但在脱口秀这条路上，每周不停地锻炼，竟然让我隐约觉得，也许再过几年，我就可以踢英超了！这是一件多么令人兴奋的事！

老天不赏饭又怎样？我又不缺饭——如果事务性工作也讲天赋的话，我也可以算是天才。但既然站上了舞台，也许就是选择了一条违背老天意愿的路。这是我自己选的，没人逼我。

在我讲脱口秀的10年中有很多遗憾，没有早一点起步，没能登上爆款节目的舞台，没有留在上海，没能拿到喜剧比赛的好名次……在这10年中，我有一段长达10个月的时间，其间几乎没有登上过脱口秀的舞台，那是在2019年刚从上海回到深圳的时候，我花了很多时间去弄短视频，没有去过任何开放麦。10月底，我去成都参加过载喜剧俱乐部举办的接励城市喜剧节，上台表演了一段。那是我当年与脱口秀有关的最酣畅淋漓的一次经历，虽然很开心，但因为快一年没出来表演了，我能很清晰地感受到一些变化。在喜剧节上，几乎每名演员都认识我，每个人说话都很客气，甚至有些忘带证件的演员只要跟着同样忘带证件的我，就可以刷脸出入，但主办方在安排演出时却无法跟你客气：下午1点开始的演出，仅有15分钟的时长，和你同台的全是新人……我在演出后一罐接一罐地喝着啤酒，看着别人的表演，脑海里反复想着的是刺猬乐队——他们在《乐队的夏天》节目中一举成名后，鼓手石璐在接受采访时说："我们很多年参加音乐节，都只能被安排在下午演出。我曾经委婉地和主办方说‘我们能不能开灯演出啊’，言下之意就是想在晚上演，结果主办方说，可以啊，下午我们就把灯打开……”

脱口秀也是这样，每一个人都想在灯最亮的时候登台表演。喜剧演员是一群制造快乐的人，但喜剧演员不快乐却是很多人的共识。我以前一直以为那是外行的误解，而事实上，喜剧演员抑郁的比例并不比普通演员低。喜剧演员抑郁甚至自杀的消息之所以在大家心中造成那么大的震动，只是因为从喜到悲的反差太大。我一直觉得自己这个分析是对的，每次有人小心翼翼地向我询问喜剧演员私底下是否不快乐，我都很快乐地和他们搬出这个理论，告诉他们，没有这回事。但从成都喜剧节回来后，我一直在想这个问题，我觉得自己可能错了……脱口秀演员不快乐，因为从事脱口秀的每一刻，他们都在焦虑。

当刚刚开始讲脱口秀时，你会为每一次上台讲什么而焦虑，你会羡慕每一名经验比你丰富的演员，就算他们表演的效果明明不如你，你也会觉得他们有很多地方比你强；当成为成熟的演员，你会为每一条达不到你预期效果的段子而焦虑；当每一条段子都达到了预期，你会焦虑怎么别的演员的效果比你还好；当已经小有名气了，你会焦虑怎么你的演出机会比别人少；当演出机会很多了，你会焦虑怎么找你合照要微信的人那么少；当苦心经营的粉丝已经很多了，你会发现怎么别人家粉丝的互动频率那么高；当已经是圈内明星了，你会焦虑怎么别人上的综艺比你的专场还要多……就算已经当了喜剧公司的老板，你还要焦虑怎么自家的演出票卖得不如别人的草台班子！

你会说，每一个进入演艺圈的人都会这样焦虑啊，但是，“欲戴王冠，先承其重”……脱口秀演员的焦虑可能是最严重的！因为脱口秀是现场的艺术，演员的成就感都来自现场观众的反应，上面提到的每一种焦虑，都和现场观众息息相关。如果你是歌手、乐手，你在台上没唱好、没弹好，可能只有你自己知道，但观众不易察觉；如果你是演员，你一条片子没拍好，你还有无数次重拍的机会；如果你是魔术师，你演砸了……可能还有主持人帮你托着。而脱口秀，当你刚讲完一条引起山呼海啸般笑声的段子，讲下一条段子时现场仍有可能鸦雀无声——虽然你有技巧在表面上掩饰过去，但是有没有讲砸，你心里很清楚，观众也容易察觉。你必须不留痕迹地继续表演下去，就算下一波山呼海啸继续来袭，你心里还是会受到那一条观众鸦雀无声的段子的影响……

这么焦虑，为什么还要做脱口秀？上班这么累，为什么周末还要踢球？原因只有一个：我喜欢。

你也喜欢吗？我在赛场上等你啊。

洛宾

2022 年 9 月，深圳